中国旅游研究院 ◎ 主编

# 中国旅游评论

CHINA TOURISM REVIEW

2024 第三辑

## 繁荣：艺术的力量

Flourishing : The Force of Art

旅游教育出版社
·北京·

## 《中国旅游评论》编委会

主　　任　　戴　斌

副主任　　宋子千　高炽海

编　　委　　（按姓氏音序排列）

　　　　　　戴　斌　高炽海　何琼峰

　　　　　　李仲广　马仪亮　宋子千

　　　　　　唐晓云　吴丰林　吴　普

　　　　　　杨宏浩　杨劲松

## 《中国旅游评论》编辑部

主　　编　　戴　斌　高炽海

编辑部主任　　廖钟敏

网络运营　　张　蕾

**图书在版编目（CIP）数据**

中国旅游评论. 2024. 第三辑 / 中国旅游研究院主编. -- 北京：旅游教育出版社，2024. 10. -- ISBN 978-7-5637-4761-0

Ⅰ. F592.3-53

中国国家版本馆CIP数据核字第2024V66U75号

中国旅游评论：2024 第三辑

中国旅游研究院　主编

| 责任编辑 | 何　玲 |
|---|---|
| 出版单位 | 旅游教育出版社 |
| 地　　址 | 北京市朝阳区定福庄南里1号 |
| 邮　　编 | 100024 |
| 发行电话 | （010）65778403　65728372　65767462（传真） |
| 本社网址 | www.tepcb.com |
| E - mail | tepfx@163.com |
| 排版单位 | 北京旅教文化传播有限公司 |
| 印刷单位 | 北京中科印刷有限公司 |
| 经销单位 | 新华书店 |
| 开　　本 | 889毫米×1194毫米　1/16 |
| 印　　张 | 8 |
| 字　　数 | 125千字 |
| 版　　次 | 2024年10月第1版 |
| 印　　次 | 2024年10月第1次印刷 |
| 定　　价 | 55.00元 |

（图书如有装订差错请与发行部联系）

# 致读者

本辑的主题是——繁荣：艺术的力量。

在文旅融合的所有领域中，艺术是一支重要的力量。

艺术，与人类的技艺相关联。艺术，几乎就是"美"的代名词。

互联网和新媒体在中国二十余年的持续扩张，大大抹平了信息差，对几代人完成了审美再教育。今天的旅游者，从种草到购买到成行、发圈，"美"已经成为其旅行主要的评价指标和行为动机。而艺术，作为"美"的代名词和创造"美"的手段，自然就成为这个时代发展旅游产品、旅游吸引物的关键路径和主要力量。

绘画、雕刻、建筑、文学、音乐、舞蹈、电影、戏剧、手工艺，等等，每一种艺术形式都可以创造出主题旅游、主题街区、主题园区；每一个景区都需要有吸引力的内容，某种艺术形式可能是答案；某个建筑可以成为核心吸引物，某个电影或动画片的场景也可以；人们会为了一个艺术节一场音乐会一次戏剧节而远行，也会在手工艺城市流连忘返……

艺术是生活的解药。所以，在这个更贴近生活场景的旅行时代，艺术也是旅游业的解药。

亲近艺术，提高审美。更多爱艺术、懂市场、对时代敏感的旅游业企业家涌现，就必能迎来旅游业的繁荣。

# 目录

致读者

◎ 聚焦

6 陶溪川，年轻人的造梦空间
　　——高炽海对话景德镇陶文旅集团董事长刘子力
20 艺术与旅游如何结合？
　　——"大家笔谈"系列第三期

回 特写

36 海边的驿站
　　——海南"艺术 + 旅游"的典型案例　/ 李仲广
46 小镇唱大戏
　　——乌镇戏剧节十年发展之路　/ 邱建卫　朱海萍
56 "文化夜游"创作理念下《船说珠江》的创新之路　/ 梁振运
64 生长中的"中国童话梦"
　　——高炽海对话"荒野之国"创始人乔小刀

**78** 让传统文化在生活中生长
　　——对中华传统文化"花式"课间操现象的观察　/金萌萌　唐晓云

**88** 文化保护和时尚融合是当下建筑艺术旅游发展的关键
　　——对天津五大道建筑艺术旅游的观察　/李鹏鹏　高炽海　常菡

**99** "融"与"活"：
　　非遗赋能文化旅游高质量发展的贵州探索　/王明　刘孝蓉

# ◉ 观察

**110** 艺术与旅游融合发展的时代观察
　　/宋子千　崔昕

# 创造者与前行者

◎ 聚焦

# 陶溪川，
## 年轻人的造梦空间

—— 高炽海对话景德镇陶文旅集团董事长刘子力

对话时间：2024 年 8 月 28 日
对话地点：景德镇陶溪川
对　话　人：高炽海
　　　　　　刘子力

**高炽海**：刘总好！之所以与您对话，是因为我们很关注一个问题：**如何使得地方的文化旅游集团有生命力**。而景德镇陶文旅集团在这方面是可圈可点的。

我们先从这件事情开始：我查了一下，2016年之前，陶文旅集团是叫"江西省陶瓷工业公司"，那时候是做陶瓷生产的，您当时就是负责人。现在叫陶文旅集团，中间还叫过"景德镇陶瓷文化旅游发展有限责任公司"。这个变化是怎么产生的？

**刘子力**：一家企业，肯定需要明白它是谁，它从哪里来，要到哪里去。我们这家公司怎么从过去走到现在，是值得做一个企业史的研究的。

我们曾经短暂地叫过"陶瓷文化旅游发展有限责任公司"，但那时简称就是"陶文旅集团"。"陶瓷文化旅游"特别官方，太长了，后来我们干脆就用简称"陶文旅"做我们的字号。

2016年以前，我们的企业名称里是没有文化和旅游两个词的，一直只有"陶瓷"这个词。

陶溪川文创街区 梦谣广场

## ◎ 聚焦

这家企业诞生于晚清新政兴办民族工业时期。1903年，江西省巡抚柯逢时写了个奏折，要求在景德镇成立一家现代化的陶瓷公司，这个奏折现在在中国第一历史档案馆。从1903年的官办机构，到1908年的官商合办，到1910年创办"陶瓷大学"的前身"中国陶业学堂"，这是新中国成立前的过程。1949年9月，没收官僚资本，形成了"建国瓷厂"。到1964年，周恩来总理批准，我们开始叫"江西省瓷业公司"。一直到2012年才发生了一次比较大的变化。

这家120多年的公司，一直延续下来，没有离开过一件事：陶瓷。**陶瓷是一门手艺，更深刻地说它是一种文化，一种传承**。它有双重属性，既有自然属性，又有社会属性。陶瓷自古以来就是中国文化的独特符号。

**高炽海**：您是什么时候和这家企业有了关系？

**刘子力**：我19岁就进了这家公司，一直在这家公司成长，中间只有两个时间段离开了这家公司6年左右。就是说我39年的工龄，在这里度过了33年。我个人的历史和履历就是跟这家公司捆绑在一起的，所以有感情。2011年我回到这家企业来当经理。

**高炽海**：当时这家企业的状况怎样？

**刘子力**：那时候这里既是企业，还是一个行政事业单位，底下管着42家企业、9家事业单位。以制造业为主，包括艺术瓷厂、建国瓷厂、人民瓷厂、宇宙瓷厂等，规模达69 000人。

当时我来的任务是要把这家公司解散的。2011年是这个城市最低迷的时候，低迷到什么程度呢？以我们为例，42家企业、9家事业单位，一共51个机构的6万多人，除了850多个留守人员，其他全部都下岗了。我们这个体系里面有全民所有制，有大集体，有小集体，有事业单位。甚至今天网红的那个"中国陶瓷博物馆"当时都是我们公司的陶瓷馆，叫江西省陶瓷工业公司陶瓷馆，里面有故宫拨过来的300多件文物，2002年我们把它们交给了政府。

**高炽海**：你们公司当时是被国外的陶瓷和中国沿海的陶瓷冲击了？

**刘子力**：主要还是因为我们公司机制不行，不适应市场。1995年到2011年，17年时间，我们基本上就是不断停产，不断自谋出路，自我消化。到了2012年，人全都下岗，生产全停，工厂留下来一些破烂家当，有些厂房租给别人。好在大部分的厂都没有拆，是因为太穷了，加上人太多了，拆不动。

**高炽海：** 那从2012年开始，你们做了什么重要的改革？

**刘子力：** **从2012年到2016年，我们主要做了企业化、集团化、市场化。**不再做行政事业，取消双轨制，全面做公司化转型，把下属40多家独立法人全部取消，就剩下一个集团公司。

2012年是我们重新起步的年份，那时只有账上的200万元，只有发不出工资的人和没有效益的资产。省委书记来看我们，就在宇宙瓷厂，我们挂了个口号："收拾旧河山，重新出发。"那时候我47岁，是这个体系里面最年轻的，充满干劲。后来我变成这个体系里面年龄最大的。

**高炽海：** 那起步时具体怎么做的呢？

**刘子力：** 简单地说就是规划先行。先研究这个城市。

**高炽海：** 谁研究的？

**刘子力：** 清华大学张杰教授带领清华大学中国发展规划研究院的团队研究的。2012年元宵节都没来得及过他们就过来了，是我邀请的。当时我们没有多么伟大的理想，只是告诉张杰教授从宇宙瓷厂开始做，账上只有200万元，怎么做也不知道。他说宇宙瓷厂要往后放一步，我需要先搞清楚整个城市，所谓不谋全局者不足以谋一域，然后才能研究这个宇宙瓷厂。**这时就提出来必须先做城市研究，城市遗产研究。**

**高炽海：** 那你怎么会同意先做一次城市和城市遗产的研究呢？为什么会有这种想法？

**刘子力：** **当时我们的想法就是不做房地产，但还要找到一个出路，让这些破烂家当重新让人看得起，让这些破烂空间里面的工匠重新让人看得起，让我们所从事的手艺重新让人看得起。**其实我们当时所做的一切，出发点就是一种情怀，争得我们这一群陶瓷人的荣誉和尊严。

为什么2012年初我们就觉得不能做房地产呢？**因为房地产的出发点就是拆掉老厂房。拆了，我们就什么都不是了。**

**高炽海：** 除了请张杰教授团队做规划，你们企业这群人自己做了什么研究？因为毕竟已经是2012年了。

**刘子力：** 那时候我们这个队伍可以说是啥也不知道也不懂。我们就去学习798，学习八号桥、田子坊，去看别人怎么做的。还跑去台湾地区，看华山文创园、松山文创园和高雄的驳二码头。看完以后，

◎ 聚焦

陶溪川文创街区 市集

大家就有了初步概念，就知道老厂房是有价值的。

**高炽海：** 张杰教授团队最后给出了一个什么样的规划？

**刘子力：** 那时候还没有"陶溪川"这几个字，整个规划分上下册，上册研究城市，下册研究未来的陶溪川。

一张图纸画到今天，到今天为止，那张图纸还是我们的上位规划。他们研究了1000年的三宝村，700年的老城，70年的陶溪川。搞清楚了宋以来的景德镇在哪里，有什么遗产空间，文化脉络是怎样的，名城是怎么形成的，老城是怎么演变的。然后给出了整个区域26平方千米的规划，就是我们景德镇的老城，远远大于名城保护范围的2.4平方千米。

**高炽海：** 这个城市研究对景

德镇产生了什么样的价值?

**刘子力**：这个城市和城市遗产研究影响了整个城市。**原来大家都觉得这个城市破破烂烂，没什么了不得的东西，想拆就拆，从那个时候开始，我们城市的历史价值、遗产价值就深深地扎根了**。首先是扎根在我们这一群人身上，然后扎根在这个城市各级各界的许多领导身上。

而且，通过这个研究，**我们突然发现，其实我们就是这个城市的主人**。我们这群人，120年以来，就是这个陶瓷城市手艺文化的传承人和守望者。

--------

**高炽海**：这个片区具体的规划当时是怎么定的？

**刘子力**：我们做了两版详细规划，确定了轴线是什么，业态是什么，哪些工厂要保留。这一平方千米有10个工厂——宇宙陶瓷厂、陶机厂（景德镇陶瓷机械厂）、为民瓷厂等，还有火车货站、粮库、盐业公司、公交公司，总共十几个单位。当时归我们管的单位只有4个——陶机厂、为民瓷厂、宇宙瓷厂、万能达瓷厂。当时我们就有一个宏大叙事，把这一平方千米全部规划，愚公移山地慢慢搞。结果现在真的被我们搞成了，经过12年的努力，这十几个单位全部进入了陶溪川的一二三期。

**高炽海**：那个时候，对这一平方千米，你们给的定位是什么？

**刘子力**：**文化创意产业园。而且，我们不想让人家称这里是一个旅游区**。我并不反对旅游，我们欢迎游客，但是我不会按照旅游的4A、5A的标准去建一个文化园区，比如说浩大的厕所、广阔的停车场，我们做不到。到今天为止，我们园区没有大巴停车位。我们希望这里是一个亲切的、精致的、浪漫的园区。

2017年9月，原文化部给了我们"第一批国家级文化产业示范园区"的牌子。

**高炽海**：这个观点我特别赞同。大多数情况下，旅游是派生出来的。**人们到另一个城市旅游，体会所谓的差异性文化体验，最核心的就是体验那个城市的生产生活的特点**。这些生产生活它不能是关起门来的，它不能是一个盆景，它应该就是活生生的有烟火气的模样。我们其实不应该把旅游做成一个地方最主要的发展目的，大多数情况下没有必要再去做那些收费的旅游景区。

**刘子力**：这就是我想表达的，我们不是为了搞旅游而做这个项目。**我们想达到的最高理想，就是**

## ◎ 聚焦

"没有围墙的产业园区"。在被授予"国家级文化产业示范园区"牌子时,我们很独特,叫"景德镇市陶溪川文创街区"。**街区是开放的,街区是共享的,街区是百姓互动的,街区是不收费的,街区是没有边界的。**

**高炽海:**"陶溪川"这个名字是怎么来的?

**刘子力:** 这是我取的名字。**我们就希望它姓陶,集小溪为大川。** 其实就是我们的美好愿望吧。我们这些工匠,就像小溪一样,不起眼,但是我们终将汇聚成川,奔向大海。

**高炽海:** 总体定位是粗略、模糊的。你现在回看,围绕着这样一个定位,你们刚开始那些年做对了什么?

**刘子力:** 除了不搞房地产、不拆老建筑,我们还提出来不撕一张纸、不卖一块铁、不砍一棵树。遗产保护是做结构改造、功能再造、文化塑造和环境重新营造。

更重要的是,围绕张杰老师规划的一平方千米,最初的 3 年,就是从 2013 年到 2016 年,我们不断尝试,推翻自己,又肯定自己,在不断的矛盾中走过来。

陶溪川文创街区 航拍

通过那些摔打，我们明白了我们要盯住的四个要点。**第一个要点是空间规划，空间规划重在遗产保护，这是我们的本底**，是我们赖以立足的本钱，是我们的文化基因，是文化的真实性，是我们的无价之宝。

**第二个要点是人群规划，谁是这个园区里的人**。我当时写了"三去"，去门票化、去房地产化、去旅游区化。我们瞄准的人群第一不是游客，第二不是产业工人，第三不是居民。

那么人群是谁？**是创新创造的年轻人。我们要把目光盯住 35 岁以下，外地来的，读了大专以上的年轻人**。我们要为他们造一个空间。大概在 2015 年，我们就提出一个口号，叫**"陶溪川，年轻人的造梦空间"**。当时就说我们要做创新、创造双创平台。

**高炽海**：为什么那个时候会提出来创造"年轻人的造梦空间"呢？这是受了什么启发？

**刘子力**：一是如果要有活力，只有年轻人能做到。我们要做创新的东西，不能依托于既有的那些人群，手工艺大师也不能解决我们的问题，我们必须找新青年。

二是德国鲁尔给我的启发，人口置换。鲁尔原来是工业矿业区，人口都是炼钢、挖煤、造机械的蓝领，后来变成科研所、大学，人口变成白领。人口的置换，意味着一个城市的新生。人口的更新，是产业的更新。

---

**高炽海**：瞄准青年人，这是你们的第二个要点。第三个呢？

**刘子力**：**第三个要点是业态规划**，定义了来到这个空间的是年轻人。这些人干什么呢？**主要干三件事：手艺、设计与艺术**。我们希望这些年轻人变成手艺人、设计师、艺术家，**我们不断地去延展围绕着这三件事的产业链**。

这些人来了，必须有住的地方，必须有工作坊，必须有美术馆、博物馆，必须有教室，必须有娱乐、配套设施。那生态就来了。

我们这里有电影院，有大剧院。这里有 7 家酒店，未来差不多有 2000 多间客房。我们既有景德镇最贵的五星级酒店，1680 元、1880 元一晚，也有最便宜的 60 元一晚的青年旅社。这里有住的有吃的，景德镇最好的餐厅可能都在我们这里，每家都赚钱。

我们这里不像商业街，餐厅占 50%，我们是创

## ◎ 聚焦

业的工作坊、艺术家工作室占大头，有创业平台，有研学平台，有5个美术馆和博物馆。

**高炽海**：都是什么模式，出租还是分成？

**刘子力**：这里是我们全持有，有分成，有出租，有自营。

**高炽海**：对刚出校门的年轻人主要是哪种模式？

**刘子力**：对年轻人在前期是免费，现在多少要交一点。我们有双创资金的支持，所以创业的年轻人其实是交优惠租金。

你看，我们的业态就是围绕着生态，我们的生态就是双创。2015年55个创客55个摊位，那时我跟他们说，我们从今天开始，不论寒暑，风雨无阻，哪怕台风来了，这个摊我们都继续摆。9年来我们就停了20天，我们的创客市集每周末不见不散，发展到现在每周1500个摊位，有26 000个创客围绕着陶溪川搞创作。

我们带动了一个生态，是创业的生态，是地摊经济、集市经济。中央电视台的《集市里的中国》的第一集就是拍的我们。

------

**高炽海**：你们每两个月还有"陶然集"是吧？

**刘子力**：是的，这就涉及**我们的最后一个要点：文化规划。怎么去做文化的现代化表达，文化的转译。**

陶溪川文创街区 陶然集

文化规划我理解是抓住活动，**抓住美术馆、博物馆等各类空间，做各种文化活动**。我们现在每年形成定律的，有"春秋大集"，春天一集，秋天一集，是针对全世界的陶艺家的集市，加上民族的艺术，每集三天。现在已经变成了一个国内外有影响力的中国集市，年年来的老外都在增长，现在一次有400~500个老外从国外来。

我们还有每两个月的"陶然集"，这是最火的。"陶然集"不是针对老外，是针对全国的非遗手艺人的集。是"非陶非标"，不以陶瓷为主，而是服装的、玻璃的、木雕的、金属的、编织的等，甚至还有蜡烛，有手作的酒。

据我们所知，中国大概有12 000~13 000个类似的以此为生的非遗手艺人，他们都有绝技，来我们这里摆过摊的就有七八千人。每次陶然集我们要招募300个人，但是报名的一般都有1600名，不断积累，我们这个生态就成立了。

"陶然集"有很多口号，"陶然不灭""陶然忘机"等。我们这里年轻人有很多创意。

形成定律的还有我们每周末的"创意集"。这个创意集针对的是陶瓷手艺人、陶瓷设计师、陶艺家。他们在我们陶溪川做手艺摆集市，是长留的。

我们每年主要举办这三大活动。除此之外，我们还有很多活动，比如全国少年儿童艺术展、少年儿童陶艺展、跟中央美院搞的实验艺术展。我们和清华美院、中国美院、中央美院都有深度的合作。我们今年又有一个活动，叫"全国大学生陶艺作品展"，展览有利于大学生的美育，已获教育部批准。

通过这些活动，陶溪川把传统的陶瓷手艺转译成当代表达，是中国式现代化的当下版。

**高炽海：** 你们做活动，有没有具体的目标？

**刘子力：** 有。陶溪川是围绕着年轻人做文章，是创造年轻人的造梦空间，我们做活动，**就是要做一个年轻人的精神道场。现在互联网太发达了，我希望有一个社交场，是他们的精神所在**。

**高炽海：** 借陶溪川这个场合，借陶瓷这个手艺。

**刘子力：** 是的，因为陶溪川，它是有场所精神的；因为陶瓷这种手艺，它是有文脉传承的，是有社群黏性的。所以我们做文化、做活动，本质上是在做一个社交平台、一个创业平台、一个学习平台。我们希望年轻人能够奔赴陶溪川，创业青年、文艺青年来这里寻找生活。所以我们陶溪川的最终目标，就是要不断地在这个充满着文化传统的空间

## ◎ 聚焦

里面，酿造一种502黏结剂，把他们留住。

所以我们陶溪川还有一个slogan（广告语），叫**"陶溪川，为生活造"**。

---

**高炽海**：坦率地说，你们思考的层面已经不仅是"术"了，有很多"道"的思考。你们有没有自己的价值观？

**刘子力**：我们陶溪川追求的价值观从空间的氛围看，就是三个词——**亲切、精致、浪漫**；从精神实质看，可以比喻为三个神——海神、窑神和酒神。**海神意味着我们这里海纳百川的包容，意味着开放；窑神就是工匠，就是精益求精；酒神就是热情，激情，青春活力。这些其实是我们的思维逻辑。**

**高炽海**：我对你们所做的事情，印象深刻的有几点，第一是对传统和文化遗产的尊重和保护，第二是做了颇具时代性的文化转译，第三是做了巨大的产业转型，从搞制造的变身成做文化产业的。但印象最深的，是吸引年轻人、服务年轻人，创造年轻人的造梦空间。这些既需要深刻的认识，也需要巨大的勇气。

**刘子力**：过去的一千年，景德镇的逻辑是围绕着"物"来做的，瓷器是个"物"嘛。产品不断地由青白瓷到青花瓷，到粉彩瓷，到后来各种各样的贴花瓷。不断的科技进步，也都是围绕着产品本身来的。**从2012年开始我们做的，是把第一目光从瓷器身上转到"器以载道"，更关注文化，更关注人。**

**高炽海**：或者也和这个时代有关，**这个时代可能更加关注人的精神价值。**

**刘子力**：瓷器的生产过程，以及它演化出来的手艺所具有的文化含义，这些精神层面的东西是有价值的。你看我们现在做瓷器的做法，是一个课程，是一个展会，是一场活动，是一台剧，是一个客房。人们是可以来消费陶瓷文化的。

其实我们还走了一步，我们还挣"人口流动"的钱。我们做研学旅行课程，我们甚至还做了大学，大学已经有很不错的收入。我们率先提出来，景德镇应该是一个大学之城、青年之城、文化之城。因为景德镇有陶瓷艺术，才有了大学，因为有了大学，陶瓷文化就有另外一个变现方法——大学教育。而且，因为有了那么多大学生，他们就给这个城市带来了很多的流动性和各种的可能性。

**原来我们是一个工业城市，现在我们是一个文**

**化城市**。我们不光卖陶瓷,我们还做了精神文化的买卖,做了人口流动的买卖,做了教培产业的买卖。这才是文化产业。

我们不断在迭代,不断在想象,瓷器之外还有什么文章可做。

**高炽海:** 现在陶文旅集团的收入构成大概是怎样的?

**刘子力:** 收入贡献最多的还是产品类,是陶瓷产品的销售。我们现在销售的一个品牌是"龙珠阁",主要是高端国宴瓷,另一个品牌是"陶溪川",是高品质的日用瓷。我们现在有一个邑山园区,有最先进的陶瓷生产厂,还给创客们提供生产空间。

其他收入主要来自酒店、物业出租、大学等。

**高炽海:** 从收入结构上看,你们完全不依赖房地产,没有受到房地产下行的冲击。但是,像陶溪川这样一个投资,现在基本上是运营打平的状态,如果单独算账的话,回收期应该会很长。你们准备怎么解决这个问题?

景德镇艺术职业大学

## ◎ 聚焦

**刘子力**：我们正准备做中国首例文化消费类公募REITs（不动产投资信托基金），已经进入辅导期了。

**高炽海**：REITs是一个好办法，早应该推行。不然，回收很难，理想与现实就难以平衡。

**刘子力**：项目投资方可以实现退出变现，而REITs的投资人可以得到4.8%的年化收益率，大家都受益。

---

**高炽海**：中国几乎各个城市都有文旅的国有集团公司、平台公司，他们是中国文化和旅游业的重要力量。你觉得在这个时代，他们应该如何做？战略上应该特别关注什么？你对他们有什么建议？

**刘子力**：首先，我有一个疑问，不少地方文旅平台会做那些叫好不叫座、有人流没财流的事，变现能力在哪里，变现方式是什么，商业模式是什么？这些项目**企业来做是不可持续的，就不是企业该做的事。**

而且这些项目往往搞得绚烂无比，天天过节似的。那是能源的浪费，成本高，还找不到商业模式。**我们不需要天天火树银花，我们需要每一扇窗户里面透出生活的灯，那才是生活本身的烟火。**

其次，我建议一定**要真实地完整地连续地保护传统，而不是造假，不是搞仿古建筑。**

**高炽海**：那还不如干现代建筑。

**刘子力**：我们这里现代建筑就是现代建筑，我们从来不做仿古建筑。这得益于国内那些遗产保护的专家们，像单霁翔就一直给我灌输"你不能造假，你不能造假古董，假古董没有前途"。中国大量的仿古建筑仿古街区，没有一个活得好。

**高炽海**：除了这些，我一直觉得**有一个核心问题，就是中国文旅集团的房地产模式问题。**

**刘子力**：的确，很多文旅集团压根就没有从房地产思维转型，还在为了一个房地产做一个盆景。只是以前是做旅游地产，现在可能做文化地产了，但只要是房地产模式，现在及以后就很难生存。**一定要是产业模式。**

我认为陶溪川之所以还能够活到今天，至少有一条，我们的空间都有人租，有很多人愿意待在这里。空间里有人在干活，有人来看他们的热闹，就是成功。

我们一直在探索，**摸索从产业出发，粘住人群**。所以我们说**陶溪川是产业选择的成功，是人群重构的成功，是文化重塑的成功**。

**高炽海**：房地产的下行对此前走房地产模式的文旅集团产生了巨大的影响，所以，这是当下需要解决的一个大问题。你们作为城市的文旅集团，从自己的实际出发，给各个城市文旅集团的建议，是很有价值的。你前面的建议中，我觉得最核心的就是这句话：**走通产业模式**。

但是这里有一个问题，就是很多城市对什么是自己最有价值的文化、什么样的文化能够转化为产业，以及如何建设一个产业，往往是识别不够的。

**刘子力**：产业选择是一切的开始，不是空间，空间不牛。再好的空间，再古老的空间，如果没有产业一切都白搭。像我们这样的地方文旅集团，我觉得**一定要做一个有意思的、好玩的、有市场黏度的，同时又是有广阔市场前景的产业**。这个产业非常重要。

所以我们特别小心地扶持我们的产业。比如我们现在在推动陶瓷以外的其他手艺，建了可能是全球最牛的玻璃工坊。我们派了两个清华本硕学建筑的姑娘到美国康宁玻璃城去学，在那边待了10天，然后回来画图。现在这个玻璃工坊有4000平方米，有全球最先进的设备。然后它点燃了很多东西，让景德镇从一个玻璃工坊都没有，到现在有1000多个玻璃工坊，来景德镇烧玻璃也成为风尚。

地方文旅集团要做的，应该就是**"选择一个产业聚拢一群人"**。**"空间再造""产业选择""人群重构""文化塑造"**。

---

**作者简介：**
**高炽海**，《中国旅游评论》联合主编。
**刘子力**，景德镇陶文旅控股集团有限公司党委书记、董事长，景德镇国家陶瓷文化传承创新试验区管委会专职副主任，景德镇艺术职业大学理事长。

◎ 聚焦

# 艺术与旅游如何结合?

## ——"大家笔谈"系列第三期

【编者按】

《中国旅游评论》会不定期提出一些当前中国文化和旅游业的重要问题,并邀请问题所涉及领域的学界专家和业界领袖,就该问题发表个人观点,将大家的观点组合成文并发表。从中,可以看到行业的国家前沿思考,也可以看到重要的思想碰撞。

本期问题为:文旅深度融合的背景下,艺术与旅游应该如何结合?

问题背景:一方面,旅游业发展需要注重对艺术的深入挖掘和展现,不能停留于表面的文化符号堆砌。通过艺术的创意性表达,可以创造出有新意、有吸引力的旅游产品,让游客获得深刻的文化体验。另一方面,艺术和艺术家不仅可以有"观众",而且应该有"游客",他们应该有更广大的受众和艺术表达空间。

当下,艺术与旅游结合的项目越来越丰富,如大地艺术节和大地艺术园、戏剧节和戏剧幻城、城市建筑艺术引发的citywalk、景区常设性的艺术展览和VR体验、非遗表演与制作和传承等,有各种新型的show或者互动体验形成的新旅游产品,有陶瓷艺术推动的陶溪川,有当代艺术家创立的荒野之国。这些产品或项目不仅大大丰富了旅游内容,还提升了旅游的文化品位和艺术价值。

本期我们邀请了艺术领域的7位专家和艺术家,从他们的研究或实践出发,谈谈旅游业应该怎样与艺术结合、艺术应该如何助力旅游业高质量发展,以及他们对旅游业有什么样的期待。

# 张林

中国传媒大学戏剧影视学院
光环境设计系主任、教授

> 张林教授针对火热的文旅夜游，谈了三个建议：要基于差异化原则，构建符合地域性的文旅生态系统的产业；要基于在地文化从五感六觉维度带来多模态的深度体验，逐步达到共情状态；要不断细化光环境艺术的应用场景，才能实现光影艺术的充分发展。

## 其笔谈全文：

一、基于当下文旅夜游项目的同质化现象

期待旅游业的高质量发展不是仅靠"噱头"，生硬地打造"亮点"，而是基于差异化原则，构建符合地域性的文旅生态系统的产业。新时代旅游业的发展应该是具有地域特色的产业，才能满足不同类型的游客，打破文旅夜间项目的同质化发展，充分利用灯光艺术的手段，才是夜游项目应该走的道路。

二、基于全国文旅夜游项目的竞争力

期待光环境艺术赋能文旅夜游不是仅博取眼球，而是基于在地文化从五感六觉维度带来多模态的深度体验，逐步达到共情状态，才能带来持续性的价值，这样沉淀下来的文旅项目才有竞争力。坚持游客视角的开发理念，实现文旅夜游项目高质量发展，这不仅是坚持人民旅游需求的体现，也是夜游项目和文化艺术相结合的体现。

◎ 聚焦

### 三、基于未来文旅项目的发展

期待光环境艺术赋能高质量发展的文旅业，不再是在快节奏中秀假、大、空面子，而是基于特色业态在慢慢生长中和谐构建走心的高精尖的新体验场景。旅游大投资、大发展的传统模式逐渐降温，随之而来的是小而美、精而细的发展模式，只有不断细化光环境艺术的应用场景，才能实现光影艺术的充分发展，才能实现艺术和旅游的高质量发展。

总之，只有打破文旅夜游的同质化发展现象，不断提升夜游项目精细化、专业化和深入化的开发深度，才能适应当下文化和旅游深度融合时代背景的要求。以夜游项目为突破口，实现艺术和旅游深度融合。

## 訾鹏

河南省工业设计研究院
副院长、教授

> 訾鹏教授提出了艺术对于文旅产业的"四力"：艺术的提升是文化旅游产业的核心竞争力，艺术创新是文化旅游产业的边界融合力，艺术科技是文化旅游产业的持续发展力，艺术经济是文化旅游产业的健康活动力。

### 其笔谈全文：

**深化艺术与文化旅游产业的融合**

随着我国近年来文化旅游产业的迅猛发展，行业内部竞争日益激烈，新型文化旅游消费形态不断涌现，应用技术持续更新迭代，产业链不断拓展，价值链不断融合，公众对文化旅游内容质量的期望亦日益提高。在此产业发展的重要阶段，我们需从艺术与文化旅游产业融合发展的角度审视产业的未来。

首先，艺术的提升是文化旅游产业的核心竞争力。随着现代人对精神生活需求的不断增长，文化旅游产业正从传统的观光旅游向深度体验转变。游客不再满足于表面的游览，而是期望在旅途中获得更丰富、更独特、更精彩的文化和艺术体验。独特的艺术形式、深厚的艺术底蕴、卓越的艺术成就、浓郁的艺术体验成为文化旅游产业内部竞争的核心。文化旅游产业应关注艺术家和艺术机构的成长与发展，促进艺术的普及与提升。文化旅游产业的管理者应善于发掘艺术、助力艺术、转化艺术，以确保文化旅游产业在未来市场竞争中立于不败之地。

其次，艺术创新是文化旅游产业的边界融合力。艺术创新为传统旅游项目注入新的活力，为文化旅游产业带来前所未有的发展机遇。通过艺术创新手段，文化旅游产业能够突破固有界限，将旅游、文化、科技、创意等多个领域有机融合，形成多元化的产业链。通过不断探索与实践，艺术创新将继续推动文化旅游产业的边界融合，为人们带来更加丰富多彩的体验。

再次，艺术科技是文化旅游产业的持续发展力。科学技术是第一生产力，艺术与科技的融合发展是时代的必然趋势。深入挖掘、有效利用艺术科技，可以为文化旅游产业提供更广阔的发展空间和持续动力。通过数字孪生、虚拟现实、增强现实、全息投影、互动装置等技术，可以更好地在文化旅游产业中普及艺术、参与艺术，为人们带来更加丰富多彩的文化旅游体验。

最后，艺术经济是文化旅游产业的健康活动力。在现代经济体系中，艺术与经济的结合已成为不可忽视的趋势。艺术经济的繁荣不仅为文化旅游产业注入了持续的活力，还为城市带来了经济收益，提升了城市品位和形象，促进了文化的传播与

## 聚焦

交流。艺术展览、戏剧演出、音乐会、电影节等各类文化活动，不仅丰富了人们的文化生活，还吸引了大量游客，带动了相关产业的发展，促进了文化旅游产业价值链的渗透融合。未来，随着人们对精神文化生活需求的不断提升，艺术经济将在文化旅游产业中发挥越来越重要的作用。

## 刘欣

北京鲁迅博物馆
（北京新文化运动纪念馆）
副研究馆员

> 在艺术与旅游的结合中，刘欣副研究馆员看到了一种反向的力量——旅游对艺术创新的推动。旅游正从体验、消费、休闲等多个方面，推动博物馆陈列艺术创新发展。

### 其笔谈全文：

**文化和旅游高质量发展促进博物馆陈列艺术创新力**

在文化和旅游深度融合发展的背景下，公众的旅游消费越来越注重文化内涵与体验感，博物馆正逐渐成为重要的历史文化类旅游目的地之一。2023年全国备案博物馆总数为6833家。博物馆拥有独一无二的文化遗产资源和可参观的实体展示场馆，设计师以文物资源为根基，通过陈列艺术的创新性语言，营造出提升公众文化旅游体验感的室内陈列空间、延伸的消费空间与展馆室外的公共文化休闲空间。

一、旅游体验创造陈列艺术新空间

博物馆陈列艺术是一门综合性的空间艺术。在室内的陈列空间中，陈列设计师将陈列大纲文本加以科学的视觉转化，让视觉艺术帮助公众理解蕴藏在文物中的价值与意义。博物馆陈列艺术设计围绕文物而展开，以说明文字、图版等展示形式呈现文物的基础信息；空间环境设计、文物与辅助展品组合设计、场景复原设计等展示形式还原文物曾经所处的历史情境；以科技创新技术打造沉浸式体验的数字艺术展览项目，以故事化叙事方式阐释文物背后的信息与人物。陈列设计师希望通过艺术情境的营造，吸引更多游客走进博物馆，让游客沉浸到旅游目的地的历史文化氛围中，让身体自觉将文化知识与视觉形式、文物符号与意义联系在一起，从而提高游客的参与感，体验到文物之美、陈列艺术之美、旅游所在地域的历史文化之美，进而提升旅游的文化附加值。

二、旅游消费拓展陈列艺术新空间

在营造沉浸式陈列空间的同时，设计师将陈列艺术思想贯穿于以博物馆商店为代表的消费空间设计上，优化消费场景服务，拓展了文化旅游消费新空间。设计师需要将空间设计、产品设计与游客需求相结合，艺术化的消费场景让游客的参观行为得以持续，可触摸的文创产品让无法在展示空间进行的感官体验在消费空间中延续，不断丰富博物馆消费价值链的同时提升旅游的文化品位。

三、旅游休闲塑造陈列艺术新空间

设计师希望通过陈列艺术的创新力打造城市旅游休闲新空间，让展馆室外的文化空间营造成为陈列艺术的另一种创新性表达，并发展成为城市的标志性文化符号。纪念性建筑、博物馆建筑群与园林景观设计相结合，为游客提供了与展览空间相呼应的室外休闲空间，结合互动的体验方式、沉浸式空间展示、新的产品与服务形式促进游客的文化价值认同与传播分享，实现主体与客体的多重互动。

博物馆正逐渐成为文化旅游的优选体验空间，设计师还将以更创新的方式将文

◎ 聚焦

化元素与旅游资源对接，提升博物馆旅游的公共服务水平，从而让博物馆参观真正成为收获深刻文化体验的发现之旅。

## 赵康林

天津理工大学艺术学院副教授，
北京美术家协会会员、
天津市工艺美术学会会员

> 赵康林副教授以平遥古城为例，谈了一种艺术形式（大漆艺术）对提升旅游文化品位的重要作用。提出应该让艺术家参与进去，与非遗传承人或工艺美术师合作，形成有"文化艺术品位"的体验。

### 其笔谈全文：

**浅谈大漆艺术对提升旅游文化品位的重要性——以山西平遥古城为例**

山西平遥古城作为历史文化名城和世界文化遗产，因其保存完整的北方古城市风貌和风土人情，吸引着八方游客。旅游业的蓬勃发展极大地促进了当地经济发展，但旅游商业模式逐渐趋同也慢慢变成事实。近些年平遥古城推出了一系列国际型展览，大幅提升了国际知名度，收效良好。但社会活动随着展览的结束而消失，缺乏持久性。民间艺术活动作为"星星之火"，可以在提升当地旅游品位进而推动旅游发展中发挥重要作用，在平遥，这些活动一直在开展，但主要以单纯的销售为主，强调的是以结果为导向。以"平遥推光漆器"为例，琳琅满目的商品带给人目不暇接效应的同时，大量商品的趋同性会逐渐降低人们参与活动的兴致，简单的购买过程难以让人体验到该漆器的制作过程和历史发展脉络。

从历史角度而言，平遥推光漆器的发展是随着清中晚期晋商的发展而崛起的，尤以平遥等地出名。大量山西商人走南闯北获利颇丰，随之而来的就是当地的奢侈品如首饰盒、高端家具等也随之兴起。但山西气候干燥，名贵木材容易变形，只有通过大漆的髹涂才可以使之长久保存，又因漆艺材料的黏性、可打磨性、环保性、防腐性等特殊性质，可以将金银珠宝等贵金属粘连在器物表面，使得产品有了更高的附加值。

漆艺本身的手工性和特殊性具有天然的"小众性""轻奢性"的特点，非常符合当代都市快节奏的年轻人追求"与众不同"的心理需要。如今推光漆器不仅可作为产品进行销售，还可以让消费者共同参与其制作过程。这个制作过程不是一般意义上的简单的工艺流程指导，而是"文化艺术品位"的体验。这涉及引入大漆艺术家参与，将漆艺家与非遗传承人或工艺美术师进行有效的合作。二者的结合，既保留了当地的传统工艺优势，又提升了当地的文化艺术品位，漆艺家的参与会给传统工艺美术注入一股新鲜的活力。消费者可以在制作过程中感受到艺术氛围、体验生活情调、扩充艺术修养，在打磨中感受"修心"之道，在互动中感悟人生真谛。它的独特性在于"场域性"，漆艺家的个人魅力、环境布置、氛围营造、工艺美术师的严谨态度等都会使得消费者在购买商品过程中带有欣赏性、愉悦性和参与性，从而成就一场精神体验之旅。旅游的真谛无外乎体悟不同人生。

当然，如何将复杂的大漆手工艺制作转化成一种轻松的体验课程是今后漆艺旅游产业化研究的一个重要方向。当游客将自己制作的"心仪作品"打包带走时，可把制作教程的半成品作为"伴手礼"一起带走。亲手制作礼物，是凝聚了个人情感和时间消耗的造物过程，无论珍藏还是馈赠都是一个具有特殊意义的符号，这是漆艺旅游开发的一个很好的方向，也将很好地促进当地经济的发展，提升人们的文化品位。

◎ 聚焦

# 闫晓波

国家级非遗项目（汝瓷烧制技艺）
代表性传承人、
河南省陶瓷艺术大师

" 陶瓷艺术大师闫晓波提出可以打造"陶瓷+"旅游生态链。具体到汝瓷上，可以通过展示体验、艺术节庆、文创开发、校企合作、跨界融合等多种途径提升游客体验，传播文化。"

## 其笔谈全文：

文化是旅游的灵魂，旅游是文化的载体。在文旅融合的大背景下，非遗旅游可成为一种新兴的旅游业态，以其独特的文化魅力和巨大的市场潜力，成为推动文旅高质量发展的新动力。

以陶瓷艺术为例，应该打造"陶瓷+"旅游生态链。陶瓷业与文化创意产业融合，打破传统陶瓷产业的局限，以跨界合作和创新思维，开发出更多元化、富有创意的陶瓷文化产品。利用节日、地方特色开展非遗旅游主题日活动，前期做好主题宣传，突出亮点，加大推广力度，广泛覆盖兴趣群体，吸引游客前往与非遗进行一场跨越千年的对话。借助数字新媒体，比如直播、公众号推送等形式，做到线上线下相结合，推广陶瓷产业的附加值和文化内涵，助力旅游业发展。

汝瓷位居我国宋代"汝、官、哥、钧、定"五大名窑之首而闻名于世，汝瓷烧制技艺被列为国家级非物质文化遗产代表性项目名录。为了传承开发好这一历史文化金字招牌，近年来，汝州市委市政府围绕"汝瓷文化名城、山水宜居绿城、豫西南区域性中心城市"和"艺术用品高端化、生活用品艺术化""为民造瓷"的发展理念，坚持"汝瓷文化＋产业＋科技＋旅游"的发展思路。汝瓷与旅游业结合的方式多样，可通过以下途径以提升游客体验和文化传播效果。

开展汝瓷展示与体验活动：在旅游景点设置汝瓷展示区，让游客近距离观赏汝瓷的精美工艺。同时，开展汝瓷制作体验活动，让游客亲手尝试制作汝瓷，感受传统工艺的魅力。

举办汝瓷文化艺术节、陶瓷艺术大赛：定期举办汝瓷文化艺术节，邀请艺术家和陶瓷大师进行现场创作和表演，展示汝瓷与书画、雕塑等艺术的跨界融合，通过艺术家的精湛表演，展现非遗文化的艺术魅力，给游客美的艺术享受。举办陶瓷艺术设计大赛等活动，彰显"瓷"文化，以"瓷"为媒招引八方游客，同时，结合当地的节庆活动，如庙会、灯会等，打造具有地方特色的非遗节庆品牌，吸引更多游客前来参与和体验，提升汝瓷文化的知名度和影响力。

打造汝瓷文化旅游线路：设计专注于汝瓷文化的探索与体验的旅游线路，如青瓷博物馆—文庙—汝瓷小镇。此线路专注于汝瓷文化的探索与体验，参观青瓷博物馆感受不同风格青瓷的魅力，文庙提供了古代文化与教育的视角，汝瓷小镇则是一个集文化传承、非遗展示、旅游观光等功能于一身的综合性景区，可让游客全方位体验汝瓷文化的魅力。

汝瓷文创产品开发：深入了解市场需求，开发符合消费者喜好的汝瓷文创产品，将汝瓷的传统工艺与现代设计理念相结合，生产出既具有汝瓷特色又符合现代审美

## ◎ 聚焦

趋势的文创产品，如汝瓷茶具、文具、装饰品等。还可以探索汝瓷与其他非遗项目的结合，如与剪纸、刺绣等传统手工艺相结合，生产出更多富有创意和文化内涵的汝瓷文创产品。同时，也可以考虑将汝瓷文创产品纳入旅游纪念品范畴，给游客提供更加丰富的旅游购物选择。

推广校企合作，丰富文旅融合业态：建立汝瓷研发实训基地，打造综合性研学基地，为学生提供真实的工作环境和实践训练，同时加强高校与汝瓷企业的合作，共同进行产品研发、包装设计和营销宣传，推动汝瓷产业创新升级。学校内部陶瓷艺术相关专业可以和数字媒体、视觉传达等专业展开深度合作，结合旅游热点共同开展实践项目，利用数字媒体技术进行陶瓷艺术品的虚拟展示、交互设计等旅游推广宣传。

与其他旅游商业业态融合：汝瓷文化可以与餐饮、住宿等旅游商业业态相融合，打造具有非遗特色的旅游消费体验。如建设非遗主题民宿，让游客在住宿过程中感受非遗文化的熏陶。

# 滕腾

**集美大学音乐学院副院长**

> 滕腾博士提出，旅游业与音乐艺术的结合可以通过音乐节、主题线路、景点表演及创意市集等方式，而音乐艺术对于提升旅游的文化内涵与目的地品牌影响力、促进旅游产业的多元化发展及游客满意度与忠诚度有重要的作用。

## 其笔谈全文：

### 一、旅游业与音乐艺术的结合方式

首先，音乐节与旅游目的地的联动。定期在不同旅游城市或地区举办音乐节，将地方特色文化与音乐艺术深度融合。游客不仅能享受音乐的盛宴，还能深入了解当地的风土人情、历史文化和自然景观，实现"音乐+旅游"的双重体验。

其次，音乐主题旅游线路。设计以音乐为主题的旅游线路，比如探访著名音乐家的故居、音乐厅、音乐学院或具有深厚音乐底蕴的城市。通过参观、体验和学习，让游客在旅行中感受音乐的魅力，增强旅行的文化体验。

再次，音乐表演与旅游景点的融合。在旅游景点内安排定期的音乐表演，如古典音乐会、爵士乐演出、民谣演唱会等，使游客在欣赏美景的同时，也能享受到高品质的音乐艺术。这种跨界融合能够提升景点的吸引力，延长游客的停留时间。

最后，音乐创意市集与旅游购物。在旅游区域开设音乐创意市集，销售与音乐

◎ 聚焦

相关的手工艺品、乐器、音乐 CD、音乐周边商品等，为游客提供独特的购物体验。此外，还可以打造文创产品，不仅可促进当地经济的发展，也传播了音乐文化。

## 二、音乐艺术助力旅游业高质量发展的途径

第一，提升旅游的文化内涵。音乐作为文化的重要载体，能够丰富旅游的文化内涵，使旅游活动不仅有观光游览，而且深入文化的探索与体验。

第二，增强旅游目的地的品牌影响力。通过举办具有影响力的音乐节或音乐活动，可以显著提升旅游目的地的知名度和美誉度，吸引更多国内外游客前来探访。

第三，促进旅游产业的多元化发展。音乐与旅游的融合，可以带动住宿、餐饮、交通、购物等相关产业的发展，形成完整的产业链条，促进旅游产业的多元化和可持续发展。

第四，提升游客满意度和忠诚度。音乐艺术的融入，能够提升游客在旅游过程中的愉悦感和满足感，进而增强他们对旅游目的地的忠诚度，促进重游和口碑传播。

## 三、对旅游业的期待

在未来，期望旅游业能够更加注重文化的挖掘与传承，将音乐艺术等多元文化元素融入旅游产品中，打造具有独特魅力和文化内涵的旅游体验。希望旅游业能够不断创新，运用 AI、VR 等科技手段提升旅游服务的智能化和便捷化水平，为游客提供更加贴心、个性化的服务。期待旅游业能够更加注重可持续发展，保护好自然环境和文化遗产，为后代留下宝贵的旅游资源。

# 边蕊

河南工业大学设计艺术学院讲师

> 边蕊博士提出了一些重要的观点,比如"艺术与旅游的结合并非浅尝辄止的叠加,而是一种深度的交融与共生现象",又如"旅游的开放性和包容性,使得各种不同类型的艺术形式都有机会展示在大众面前"。这些观点新颖且值得思考。

## 其笔谈全文:

艺术与旅游的结合并非浅尝辄止的叠加,而是一种深度的交融与共生现象。在当今社会,这种结合正逐渐成为一种引人注目的趋势,为人们带来全新的体验和深刻的文化感悟。

艺术,一直以来都被视为人类精神世界的瑰宝,它承载着历史、文化、情感和创造力。然而,传统的艺术展示往往局限于静态的观赏,游客只能远远地凝视着一幅幅画作、一座座雕塑,难以真正深入地理解和感受艺术的魅力。如今,随着艺术与旅游的深度融合,这种局面发生了根本性的改变。艺术不再局限于静态的展示范畴,而是通过互动体验等多元化方式,促使游客积极参与其中,从而深刻领略艺术的独特魅力与深远内涵。

比如,艺术工作坊等形式的旅游项目,为游客提供了亲身参与艺术创作的机会。在工作坊中,游客可以在专业艺术家的指导下,亲手绘制一幅画、制作一件手工艺品,或者学习一门传统艺术的技巧。这种直接而深刻的体验,不仅极大地丰富了旅

◎ 聚焦

游活动的内涵与层次，更让游客从被动的观赏者转变为主动的创造者。他们能够在创作的过程中，感受到艺术的灵感迸发、技巧运用和情感表达，从而对艺术有了更深刻、更直观的理解。例如，在某个以陶瓷艺术为主题的工作坊中，游客可以亲手将一团泥土塑造成自己心目中的作品，从揉泥、拉坯到上釉、烧制，每一个环节都充满了挑战和乐趣。当他们最终捧着自己亲手制作的陶瓷作品时，那种成就感和对陶瓷艺术的热爱油然而生。

此外，旅游业的蓬勃发展为艺术领域带来了坚实的经济基础与广泛的社会关注。在过去，一些艺术形式由于缺乏资金支持和社会认知度，面临着传承困难甚至濒临失传的危险。而旅游业的兴起，为这些濒危艺术形式提供了新的生存空间和发展机遇。例如，某些少数民族地区的传统手工艺，如刺绣、木雕等，通过与旅游的结合，不仅吸引了更多游客关注和购买，为当地的手工艺人带来了稳定的收入，也激发了年轻人对传统技艺的兴趣，促进了这些技艺的传承与保护。

同时，旅游业的发展也为艺术生态的多样性与可持续性发展注入了新的活力与动力。旅游的开放性和包容性，使得各种不同类型的艺术形式都有机会展示在大众面前。无论是小众的街头艺术、实验性的艺术表演，还是民间的传统艺术，都能够在旅游的舞台上找到自己的观众和市场。这种多样性的展示，不仅丰富了游客的旅游体验，也为艺术的创新和发展提供了更广阔的空间。

艺术与旅游的深度交融与共生，是时代发展的必然趋势，也是人类文化传承和创新的重要途径。期待未来这种结合能够不断深化和拓展，为人们带来更多丰富多彩、富有意义的文化体验。

特写

# 海边的驿站
## ——海南"艺术+旅游"的典型案例

李仲广

儋尔追光驿站（海南日报张茂 摄）

"海口·海边的驿站"是海南建设自由贸易港和国际旅游消费中心的成功实践。该项目在海口发挥明显效应之后，随着环岛旅游公路的开通，已扩展到海南全岛并探索了宝贵的实践经验。从旅游发展来看，"海边的驿站"是"艺术+旅游"在海南的典型案例，已经成为海南旅游的新名片。

## 一、项目建设情况：海南旅游新名片

### （一）海口积极打造滨海生态旅游带

近年来，海南省积极落实党中央部署，逐步探索、稳步推进中国特色自由贸易港建设，推动海南建设具有世界影响力的国际旅游消费中心，吸引了全世界的关注。海口作为自贸港建设核心区，对标国外自贸港模式和现代化国际化新海口建设要求，举全市之力实施海岸线畅通工程，打造滨海生态旅游带。

过去，海口湾等海口市滨水区的核心区域，受违章建筑、封闭码头等影响，市民游客无法亲水近水，城市环境品质受损。为实现还海、还岸、还景于民，2019年以来，海口实施海口湾两岸畅通工程，建设内容包括19.6千米的慢行道、跑步道、骑行道"三道贯通"，以及防洪堤整治、景观环境改造、生态环境整治及配套设施等。到2021年，海口湾畅通工程沿线打通堵点19处，随着一段段分割堵点的打通，滨海不见海的现象一去不复返，互联互通的岸线和因地制宜建造的项目构建起全民共享的公共滨海空间，重塑后的滨海景观带也成了人气旺盛的市民游客休闲娱乐的"黄金岸线"。

### （二）"海口·海边的驿站"项目的发起

随着畅通工程的推进，海岸线上构建起一个个公共空间，海口进一步加强城市片区风貌管控，促进城市规划与建筑设计协调发展，并于2021年发布"海口·海边的驿站"大型国际公共艺术项目。项目的理念是，建筑应成为城市的一种符号，海口可以参照悉尼等城市形成类似悉尼歌剧院的标志性建设，尤其应结合滨海城市特色打造好高品质海边驿站，发挥滨海特色建筑效应打造新的打卡点，不断吸引流量带动经济高质量发展。

"海口·海边的驿站"大型国际公共艺术项目是纳入海口市"十四五"谋划的重大工程和自贸港建设标志性项目。具体以海口湾、江东新区32千米的海岸线为主，分别委托建筑艺术家团队设计16个形态不一、功能多元、风格迥异的艺术主题服务性滨海地标驿站。

# 特写

在实施方面,"海口·海边的驿站"由海口市政府发起,海口旅游文化投资控股集团有限公司主办,翁菱、马岩松等著名艺术策划人担纲策划,以"自然·共生·未来"的理念,持续邀请全球知名建筑师和艺术家共同参与。项目成立驿站建设领导小组,组建管理团队,抓好进度管理、质量管理、资金管理、安全管理、现场管理等工作。

### (三)"云洞""天空之山"等驿站的运营

得益于海口湾畅通工程的建成,在海口湾外滩酒吧一条街有着旖旎的夜景和众多街头艺人演出,街区已形成酒吧、西餐厅、节庆活动等日渐丰富的"夜经济"消费业态,给市民游客提供了更多选择。坐落于海口湾的"云洞""星空之镜""天空之山"等驿站也顺利建成运营,成为海口知名旅游名片。

云洞图书馆是首个落成并投入使用的高标准驿站,主体是一个预约制公益阅读空间,同时承载了市民服务、人文构筑、旅游地标、城市历史、文创开发等多核心内容的高水平公共空间。这座位于海口湾、面朝大海的图书馆,像是多维的时空隧道连接了城市与海岸、现实与想象。"天空之山"驿站绵延起伏的屋顶在海边蜿蜒,形成一道亮丽的风景线,空间包含图书馆、咖啡厅、展览区等业态布

云洞图书馆(海口市旅游和文化广电体育局 供图)

天空之山（海口市旅游和文化广电体育局 供图）

局，并嵌入艺术和小型演出功能，满足市民游客的精神文化需求。其他如"星空之镜"驿站也融合餐饮、演艺、拍摄等成为海口新地标和吸引诸多市民游客前来的打卡地。

**（四）现代化国际化城市精品民生工程和城市会客厅的建设，塑造海口都市休闲旅游新形象**

随着一批公共建筑的投入使用，海口城市形象不断升级，国际化城市新风景线尤其是城市公共文化新空间不断洋溢城市文化气息，"文艺范儿"越来越足。"海口·海边的驿站"的建设，助力海口特色旅游线路形成，塑造了海口都市休闲旅游新形象。海口深挖文化元素有利于培育新消费激发新活力，助力海南国际旅游消费中心建设。越来越多市民游客到"海口·海边的驿站"休闲娱乐消费，这里成为海口夜经济打卡点，其中自发举办的户外演出成为一道风景。海口还不定期举办海口湾街头演艺人评选大赛，邀请专业导师对艺人进行技术指导，提高艺人演唱水平，并邀请街头艺人在海口湾进行大众展演，此举深受市民游客的欢迎。

**（五）带动"海口湾旅游圈"的快速开发建设**

海口对标上海黄浦江两岸公共空间贯通工程，在海口湾畅通工程沿线打造符合岸线景观的商业业态。围绕生活休闲服务、文化艺术展示、创意建设小品等方面，对沿线的商业业态打造制订规划方案，初步选定了 12 个商业点位。根据海口高质量发展行动计划，海口湾沿线将打造成融旅游、休闲、消费为一体的城市文化名片，把该工程打造成高品质"活动带"，例如依托沿岸优质自然风光，策划丰富多彩的徒步、跑步、骑行等休闲文化活动，将其打造成为市民共享美好生活的"客厅与舞台"。同时把该工程打造成高品质"商业带"，布局具有吸引力竞争力的商业新场景，释放新兴消费潜力。

## 二、项目主要经验：艺术赋能、以人为本和高质量规划建设

### （一）在"海口湾旅游圈"量身定做

随着社会的发展，海口城市基础设施建设在设计方面越来越贴近自然，越来越精细化和国际化。驿站作为海口湾沿岸的服务点，也是海口湾沿岸绿道的一个亮点，通过高标准规划建设体现出了城市的文明水准、文化品位及文明魅力。城市滨海驿站的建设，形成了体量小但内容丰富的体验空间，推动了海口湾"旅游圈"融合传统和现代，兼具历史文化和时尚潮流，成为更多市民游客体验城市深度游的好去处。

### （二）坚持国际视野打造建筑艺术精品，让城市文艺成为吸引游客的"流量密码"

按照传统艺术美学观念，建筑是与诗歌、音乐、舞蹈、绘画、雕塑等并列的"美的艺术"。海口以建设自由贸易港和国际旅游消费中心的高度的历史责任感，汇聚世界级建筑、艺术、跨学科专家的智慧，以艺术手法打造旅游文化新名片。文化是旅游的灵魂，旅游是文化的载体，项目的发起、宣传、建设、开放等各个环节始终引起市民群众和游客市场的极大关注，项目的图片、游记、攻略等也反映出公众的巨大的体验热情。

星空之境（海口市旅游和文化广电体育局 供图）

（三）强化价值提升，注入多元业态，打造"时尚体验"新空间

不同于传统的观光型公共艺术作品，该项目融合了休闲、娱乐、交流、教育、公共服务等多重实用性功能，与自然融合，打造了富有创意及个性的主题性。同时，市民和游客都可以在建筑内体验、在建筑外休憩，由此建立人与自然、环境的情感链接。该项目持续吸引来自国际国内不同学科领域的专家和创作者，汇聚智识创造，成为一个持续生长的创作磁场和体验平台。在这里，不仅建筑是时尚的，引入的消费业态也是时尚的，常年举办的各类活动更是时尚的，形成了吸引国人眼球的"时尚体验"新空间。

（四）不断提升市民、游客获得感

滨海驿站联动构成一组海边带状地标建筑群并形成滨海人居风景线，让城市和生活空间更美好，让百姓从城市建设管理水平提高中得到获得感。海口市民普遍高度评价驿站项目并自发推荐驿站空间。在驿站

# 特写

所在的旅游区管理方面，海口市坚持从市民、游客的实际需求出发的原则，始终聚焦市民休闲所需、游客体验所需的细节，通过完善驿站建设和服务，努力让市民慢下来、把游客留下来，以此破解从"网红景点"到"长红景点"的难题。

## （五）有力推动城市休闲旅游产业提质升级

随着大众旅游的不断发展和创新，旅游吸引物也在从以景区为代表的传统吸引物，转向以文化IP、生活场景为代表的新型吸引物。"海口·海边的驿站"项目大幅提升海口的城市形象，不仅开始给人们以国际、时尚的感觉，而且改变旅游产品竞争格局，创意引领的产品开始成为海南旅游产品的主要方向。中国旅游研究院院长戴斌教授指出，一个地方可以通过电影、电视剧甚至音乐等其他艺术形式短期内提升自己的知名度；同时，一个好的旅游目的地，还要下更大的力气，去完善当地的基础设施、公共服务、商业环境、市场主体的培育及出现问题以后的公共管理。海口围绕驿站的经营管理，持续增强了城市对休闲和旅游的综合供给，提供了更多休闲旅游消费新选择，提升了城市休闲和旅游的竞争力，助推海口逐渐成为与三亚并驾齐驱的旅游目的地。

## （六）促进"艺术设计+旅游"的专业融合

《海南自由贸易港建设总体方案》明确提出要建设海南国际设计岛。近年来，海南每年举办"国际设计岛"活动，建设国际设计港和国际设计大师工作营，引入优质设计单位并掀起"海边的驿站"等设计热点话题。在驿站工作中，设计机构把滨海地区和设计、文旅产业结合起来，争取把驿站的文化内涵挖掘出来，创建独具特色的文创建筑，避免"千站一面"。驿站的规划、建筑、景观设计等在突出"绿水青山"设计理念方面正按照引领国际设计趋势的目标努力。海南还成立跨学科设计团队，团队中涵盖了艺术设计、建筑、园艺、互联网、旅游、管理、经济等不同学科带头人，共同解决驿站项目中的学科难点和痛点。

# 三、海边驿站的拓展：环岛旅游公路重点驿站

## （一）海南国际旅游消费中心建设与环岛旅游公路开通

国际旅游消费中心是海南自由贸易港建设的重点内容。随着海口驿站的成功建设运营，省委省政府将海南环岛旅游公路及驿站项目作为海南自贸港先导性重大基础设施项目，强调要把环岛旅游公路及驿站打造成为国

际旅游消费中心建设的标志性项目、文体旅融合的增量吸引物、海南岛的传世之作和海南人民的传家宝、海南自由贸易港贯彻新发展理念的展示窗口。

根据《海南环岛旅游公路及驿站规划》，海南以驿站为核心，链接滨海众多旅游资源，形成数个"旅游＋N"的消费中心；以环岛旅游公路为"线"，链接一系列沿线旅游驿站、景区景点和旅游度假区、风情小镇、美丽乡村；打造珍珠链式分布的一系列旅游消费中心。

在布局定位上，约1000千米的环岛旅游公路上沿线布局约40个建筑风格各异、服务功能多元化的旅游驿站，这些驿站不仅是旅游服务设施，也将是海南建设国家生态文明试验区的代表之作。如果将海南环岛旅游公路比喻成一条珍珠项链，规划建设的驿站无疑是这条项链上最为璀璨的珍珠。海南环岛旅游公路全线规划的重点驿站，将通过娱乐、旅游、休闲、消费等IP元素的植入，赋予每个驿站自己的特色主题和专属"小故事"。

在发展目标上，推动农文旅深度融合，培育丰富多元的消费新业态，促进一、二、三产业协同发展，实现"车在景中行，人在画中游"。海南环岛旅游公路的宣传口号为"别赶路，感受路"，将环岛旅游公路打造成开放型、全场景智能驾驶体验

北港岛（海口市旅游和文化广电体育局　供图）

场。提出驿站不只是供人休憩补给的驿站，也是旅游消费点、文化体验站、精神打卡地，让游客更直观地感受到海南的自然和人文美景。特别是强调让"流量"变"流水"、"游客"成"留客"，带动沿线百姓增收致富，"吃上旅游饭"。

2023年底，有着"国家海岸一号公路"之称的海南环岛旅游公路开通并入选2023"中国之路"十大自驾游精品线路，成为环游海南体验极致风景的必到之处。同时，海南环岛旅游公路自驾游指南专题发布，环岛旅游公路观光巴士正式运营。

### （二）特色、浪漫的艺术设计

东港觅古、龙楼览月、日月逐浪、牛岭弥香、莺歌踏浪、火山海岸、儋耳追光……这些在蓝图里的驿站，诗意且浪漫的名字让人充满想象。

海南省委省政府按照打造传世之作的要求，着力打造标志工程、精品工程、生态工程，高标准设计和建设环岛旅游公路驿站。在规划设计中体现国际化视野，邀请国际设计大师团队参与，汇集融合多元化设计风格。在规划设计层面，由政府部门以国际竞赛等方式开展规划设计工作，形成一流设计方案。重点驿站在主题设计中要进一步与当地特色挂钩，挖掘历史人文资源，凸显海南元素，彰显地域文化特色，打造独特核心优势和各具风格的旅游吸引物，培育消费新业态。

海南还通过展示重点驿站设计成果，向全世界展现海南滨海自然风光和人文魅力，提前展示集海滨文化意象、显地域特色景致的海南环岛旅游新亮点。在设计理念方面，强调了让每段公路、每个驿站都各具特色、各有所长，带动旅游发展，推动乡村振兴。

### （三）统筹考虑规划设计与商业运营，探索建立"投建管养运"一体化模式

采取"坚持高标准规划＋坚持市场化投资＋坚持一体化运营"原则。积极开展招商引资，引导社会主体参与驿站项目的建设和运营。以市场化融资方式筹措建设资金，确保打造有特色、有亮点、有影响力的高品质项目。切实为游客着想，合理设计布局停车场、观景台、漫步道、骑行道等配套服务设施，为游客提供丰富多样的亲海体验。项目以环岛旅游公路建设为契机，结合大力发展休闲渔业、水上运动、科技旅游，形成环岛旅游公路驿站建设与特色产业发展的良性互动。

### （四）首批建设运营的驿站探索了宝贵经验

儋耳追光驿站功能定位为独具特色的落日渔港生活体验站和滨海休闲旅游区，建设内容包括摩旅营地、汽车旅馆、精品酒店等。莺歌踏浪驿站在设计中将"盐文化"体现得淋漓尽致。海口北港岛驿站作为环岛旅游公路第一站，在省委领导班子亲自推动下，已经从一张白纸成为步入正常运营的和美乡村驿站。首批驿站自2024年初运营以来探索了一系列宝贵经验，例如：挖掘并发挥每个驿站所独有的特色资源，打造具有鲜明特色的驿站主题，为驿站提供可持续运营的沉浸式体验项目及新兴消费场景；建设成"旅游服务基地、特色旅游产品、区域整合平台"功能三位一体的综合型旅游服务设施；推动由旅游驿站向旅游目的地的渐进式转变，全面提升游客体验；等等。

**作者简介：**

**李仲广**，博士，海南省旅游和文化广电体育厅副厅长（挂职）。

**参考文献：**

1. 海南省住房和城乡建设厅. 海南环岛旅游公路驿站建设技术导则［EB/OL］.（2019-06-12）【2024-02-26】.https://zjt.hainan.gov.cn/szjt/0503/201906/7bdf02429a634d7da19cce9011169f3c/files/171888e958e84d1eaa50bc10e11a8ed2.pdf.
2. 习霁鸿. 国内外大师联手打造 东西方文化有机融合 海口将建16个艺文主题滨海驿站［N］.海南日报，2021-2-2（3）.
3. 高潮. 公共文化空间点亮城市之美［N］.海口日报，2023-1-27（1）.
4. 陈蔚林. 海南环岛旅游公路通车仪式举行［N］.海南日报，2023-12-18（1）.
5. 吴心怡. 儋耳追光点燃夏日激情［N］.海南日报，2024-5-4（2）.

特写

# 小镇唱大戏
## ——乌镇戏剧节十年发展之路

邱建卫　朱海萍

乌镇从一个历史悠久的江南小镇，到成为中国特色小镇文化与旅游融合发展的典范，离不开乌镇戏剧节十年来的不断探索。如今，乌镇戏剧节作为中国最具影响力的戏剧盛事之一，成为真正意义上的国际戏剧文化交流平台，其背后的故事和成功经验值得深入探讨。

## 一、为什么是乌镇？

乌镇历史文化底蕴深厚，在南北朝时，南朝梁昭明太子萧统在此筑馆读书，并编撰了《昭明文选》，此书对中国文坛影响极大。乌镇在中国近现代也有很多文化名人，其中包括政治活动家沈泽民、银行家卢学溥、新闻学前辈严独鹤、清才汤国梨、农学家沈骊英、作家孔另境、中共一大革命先驱王会悟、海外华人文化界大师木心等。文学大师茅盾（原名沈雁冰）是新中国成立后的第一任文化部部长，其小说如《子夜》《春蚕》《林家铺子》等是"五四"以来优秀文学的典范。

乌镇旅游经历了从单纯的观光小镇，到度假小镇，再到文化小镇的三大重要发展阶段。

**第一阶段，东栅"观光游"**。1999年，乌镇开始实施古镇保护与开发，重点推进了遗迹保护、文化保护及环境保护"三大工程"。乌镇在古镇保护中首创并成功实施了"管线地埋""改厕工程""清淤工程""泛光工程"等保护模式，实现了智能化管理。在2001年，东栅景区正式对外开放，凭借其原汁原味的水乡风貌和深厚的文化底蕴，迅速成为中国著名的古镇旅游胜地。其古镇保护开发方式被称为"乌镇模式"，并受到了专家和同行的肯定。

**第二阶段，西栅"度假游"**。2003年，乌镇启动了省级重点项目——乌镇古镇保护二期工程，即西栅景区的保护开发。西栅以保存良好的明清建筑和贯穿东西的1.8千米老街闻名，两岸临河水阁绵延，与纵横交错的河道、形态各异的古石桥，共同构成了全国古镇中最密集的水乡景观。此外，北部区域的5万多平方米天然湿地，以及丰富的名胜古迹、手工作坊等文化元素，吸引了无数游客。西栅还提供各种风格的特色住宿、会议中心和现代化的旅游设施，满足游客的多样需求。

**第三阶段，文化乌镇"文化游"**。随着东栅和西栅的成功开发，乌镇进入了"文化乌镇"的发展阶段。2013年，文化乌镇股份有限公司成立，以优质的景区资源为基础，通过传承和复兴乌镇文化，

## 特写

汇聚全球文化艺术精品，推动中外文化交流，搭建艺术教育平台和艺术孵化基地，致力于打造具有独特魅力的中国文化小镇。这一阶段的创新发展为乌镇注入了新的活力，进一步提升了其国际文化影响力。

### 二、为什么是戏剧？

戏剧与乌镇的渊源可以追溯到清朝康熙年间。剧作家洪昇因醉酒坠入江中殒命于此，其代表作《长生殿》赋予乌镇深厚的戏剧情感。为纪念洪昇，乌镇大剧院将前广场命名为洪昇广场，彰显着这段历史因缘。

开幕巡游

进入21世纪初期，中国旅游演出市场上"印象"系列风靡全国。乌镇旅游创始人陈向宏总裁在思考如何以独特的艺术形式充实乌镇的文化内涵。他希望创造一个独属于乌镇的文化艺术IP。时任北京电影学院教师的黄磊，与乌镇因电视剧《似水年华》结缘，对戏剧情感深厚，梦想举办一个国际性的青年戏剧节。2002年，黄磊邀请陈向宏观看赖声川执导的《暗恋桃花源》，戏剧的魅力和满座的年轻观众令陈向宏看到了乌镇文化发展的未来。

2009年，陈向宏、黄磊、赖声川、孟京辉共同发起，构思乌镇戏剧节。经过四年的精心筹备，2013年5月，首届乌镇戏剧节隆重举行。戏剧节旨在成为连接中国与世界的文化桥梁，促进东西方戏剧文化的交流，打造国际化的平台。差异化的打造和匠心的尝试，令乌镇戏剧节这一文化IP收获了巨大的成功。

十年来，乌镇戏剧节推动着中国戏剧艺术的发展，让戏剧不再是独属于城市的文化活动，而是走出都市，融入经济社会发展十分活跃的小镇中，与本土文化传统结合在一起，成为一种全新的艺术体验，这使得戏剧更多元、更自由。

## 三、如何将乌镇戏剧节打造成为文化盛宴？

青年竞演

乌镇戏剧节在前期规划阶段就明确了"小镇的文化复兴"这一战略定位。以内容策划为基石，剧目质量为保证，对标法国阿维尼翁戏剧节、英国爱丁堡艺术节等国际知名戏剧节，致力于打造属于中国自己的百年"阿维尼翁"。这一定位彰显了乌镇戏剧节的文化抱负和国际视野。

（一）五大单元：戏剧狂欢的多维呈现

乌镇戏剧节通过特邀剧目、青年竞演、小镇对话、古镇嘉年华和戏剧集市五大单元有机结合，成功打造了一场融合高雅艺术与民间文化、传统与现代、东方与西方的文化盛宴，彰显了其作为国际性戏剧节的独特魅力和文化影响力。

**艺术巅峰：特邀剧目的精品荟萃**。特邀剧目单元代表着乌镇戏剧节的最高艺术水准。在艺术总监的精心策划下，来自全球的精品演出项目在乌镇落地呈现。这一单元不局限于经典剧目，而是以包容的态度容纳不同的戏剧形式，实现经典与先锋的碰撞。十年来，乌镇戏剧节引进了106部海外优秀作品和132部中国顶尖作品，汇集了柏林邵宾纳剧院、路易·雾霭剧团等国际著名剧院/剧团，以及彼得·布鲁克、尤金尼奥·巴尔巴等戏剧大师导演的作品。这不仅为观众带来独特的观影体验，也促进了西方对中国当代戏剧的了解。

**新锐力量：青年竞演的创意舞台**。青年竞演单元代表着乌镇戏剧节的新兴戏剧力量。通过严格的筛选，脱颖而出的戏剧作品获得在蚌湾剧场竞演的机会。这一平台不仅为年轻戏剧人提供了展示自我的舞台，也为小镇文化的创新注入了源源不断的活力。十年来，青年竞演单元吸引了超过万人报名，为中国戏剧行业选拔了近 700 位青年创作者，161 部原创戏剧作品脱颖而出。

**思想交流：小镇对话的智慧碰撞。**小镇对话单元为戏剧爱好者提供了与大师近距离交流的机会。在古色古香的评书场，观众可以聆听大师高峰对谈，探讨剧场艺术、美学、剧场制作等主题。此外，当代知名剧场为青年戏剧人开设的训练工作坊，进一步拉近了艺术家与观众的距离。十年来，彼得·汉德克、铃木忠志、尤金尼奥·巴尔巴等世界级戏剧大师，以及众多中国戏剧艺术家参与了现场对话，丰富了戏剧节的文化内涵。

**民间狂欢：古镇嘉年华的艺术盛宴。**古镇嘉年华将乌镇西栅的木屋、石桥、巷陌甚至乌篷船变身为舞台，来自五大洲的艺术表演团体在此呈现精彩演出。这一单元包括世界街头戏剧、现代表演艺术、音乐会演、曲艺杂耍，以及藏戏、昆曲、木偶戏等非遗表演。每年有 1000~1500 场演出在此上演，让艺术与观众零距离接触，成就了乌镇戏剧节的另一个高潮。

**生活方式：品牌的调性，艺术的气质，生活的烟火。**戏剧集市以艺术展览、影像、装置、音乐现场、放映、美食等形式，将欢乐无限延伸至剧场之外，玩法更多样，狂欢不停歇。"集"，是相聚，是交错，是碰撞，是人与人不必相识，便能相知。这欢聚，因你因我川流不息，为你为我不舍昼夜。

（二）古今交融：剧场空间的创新改造

乌镇戏剧节在筹备之初，充分利用其独特的地理与人文环境，对剧场空间进行了创新改造，通过将众多古建筑与自然景观划分为不同功能的特色演出场所，让文化和艺术真正融入小镇的每一个角落。

古镇嘉年华

**典范之作：乌镇大剧院的现代诠释**。乌镇大剧院是乌镇戏剧节的标志性建筑。自 2010 年计划创建乌镇戏剧节以来，就规划建设一座专业的大剧院。台湾著名建筑师姚仁喜以"并蒂莲"为意象，设计出这座融合江南文化与现代艺术的剧院。剧院不仅满足现代化剧场的高标准需求，还与周围的江南水乡环境和谐共生。其"背靠背"布局的双剧场设计，灵活且实用，既能独立运作又能合并使用。夜幕降临时，乌镇大剧院犹如一艘华美的夜航船，灯光熠熠，完美展现出古今艺术的交融之美。

**历史新生：中小型剧场的特色改造**。除了大型剧院的建设，乌镇还对一批中小型古宅进行了现代化改造，使剧院成为历史底蕴与现代功能的完美结合。例如，秀水廊剧园以其独特的环绕式舞台和伸缩式观众席位，适合实验性话剧与现代舞；蚌湾剧场的设计让观众与演出者更为贴近，是青年戏剧竞演的理想场地；沈家戏园与国乐剧院则保留了江南古戏台的特点，为观众带来独特的观演体验。这些剧场共同构成了一个多维且独特的剧场生态系统，服务于戏剧节的各种艺术活动。

**因地制宜：剧场功能的精准匹配**。乌镇在剧场运营中，根据不同剧场的特性与规模，精准引进全球范围内的优质剧目。大型的乌镇大剧院适合高规格作品，国乐剧院、秀水廊剧园、沈家戏园则为观众提供了在古戏台感受现代戏剧的体验，蚌湾剧场为青年戏剧竞演提供了亲密互动的表演空间，而水剧场则充分利用湖泊景观，创造出令人震撼的户外舞台效果。这样的因地制宜，确保了各类演出在最合适的场地呈现，最大化了各个剧场的优势。

**错峰设置：演出时间与形式的优化**。乌镇戏剧节在安排演出时间上采取了错峰策略，以便满足不同观众群体的需求，提高剧场利用率。特邀剧目通过白天与夜晚、常规时段与深夜档的合理搭配，提供了灵活多样的观演选择，延长了戏剧节活动时间。青年竞演与小镇对话活动也在下午时段提供丰富选择，既扩大了受众覆盖面，也优化了人流管理，使整个戏剧节的运营更加高效有序。

（三）艺境共生：户外环境的艺术激活

**街巷舞台：古镇嘉年华的艺术狂欢**。乌镇戏剧节巧妙利用古镇的老街、廊桥、巷陌等公共空间，将其转化为富有创意的临时舞台。古镇嘉年华作为戏剧节的重要组成部分，实现了户外环境、艺术表演与观众互动的有机融合。来自世界各地的艺术团体在乌镇西栅的非传统空间中呈现多样化的表演，如肢体剧、曲艺、舞蹈等，使艺术渗透到古镇的每个角落。这种独特的呈现方式不仅缩短了观众与艺术的距离，更将艺术融入日常生活，使乌镇戏剧节成为一场全民参与的文化盛宴。

特写

特邀剧目《青蛇》剧照

**水天一色：环境戏剧的沉浸体验**。乌镇戏剧节积极探索环境戏剧与公共艺术的实践，其中水剧场的演出尤为典型。如2014年的《青蛇》和2019年的《特洛伊女人》，充分利用户外自然条件，将戏剧叙事与环境因素紧密结合，给观众带来强烈的视觉冲击和情感共鸣。这种环境戏剧不仅在空间上突破了传统戏剧的界限，更在戏剧文本、观演关系等方面展现了新的美学追求，成功实现了艺术与环境、观众的深度对话。对于水剧场的充分发挥，赖声川说道："置身水剧场就像是在希腊看一场希腊悲剧，这种感觉，既雷同，又新鲜，因为其实是在东方做这样的事情。"水剧场还上演过《倒影》《欧律狄刻》等环境戏剧，环境戏剧并不单在空间上对正统戏剧做出了突破，更是从戏剧文本、观演关系等方面展现了新的美学追求。

**艺术渗透：公共空间的创意转化**。乌镇戏剧节将公共空间转化为艺术创作和展示的平台，让艺术与日常生活相互交织。例如，戏剧节期间西栅大街上悬挂的百年戏剧大师头像展，通过在古镇的公共空间展示戏剧大师的形象，让游客在行走、驻足间自然而然地浸润在戏剧文化的氛围中。还有在西栅范围内的十届内容回顾布置、海报布置、戏剧指引牌、戏剧售卖小摊位等,随处可见艺术创作。这种艺术介入生活的方式不仅丰富了艺术表现形式,也推动了景区公共空间的艺术化进程,为游客和当地居民创造了一个充满艺术气息的生活环境。

**跨界融合:艺术衍生的多元探索。**乌镇戏剧节通过多种形式实现了艺术的跨界融合。"戏剧集市"开创了艺术消费的新形态,自2021年第八届戏剧节推出以来,戏剧集市突破了传统剧场的界限,将音乐、电影、潮流艺术、装置、阅读、展览等多种艺术形式与日常生活融为一体,打造出全天候、全方位的艺术体验空间。从第八届开始,戏剧节与知名设计师和艺术家合作设计主视觉海报,开展了一系列创作活动。在第十届戏剧节中,更是与泡泡玛特、环球影城等品牌合作,推出专属潮玩产品和快闪演出,将戏剧艺术与流行文化和主题乐园娱乐相结合。此外,戏剧集市还与FIRST青年电影展、爱奇艺、黄小厨、快手等合作,通过强强联合吸引了更多年轻的文艺爱好者。

## 四、小镇唱大戏,乌镇如何用戏剧点亮未来?

从2013年开始,"文化乌镇"开启探寻小镇文化业态新格局之路,先后创办了世界瞩目的乌镇戏剧节、乌镇国际当代艺术邀请展、乌镇国际未来视觉艺术展等重大文化活动,斥巨资建造乌镇大剧院、木心美术馆,将乌镇北栅废弃丝厂、粮仓改造为当代艺术展馆,从更高的文化艺术层面开展对外交流和文化活动。乌镇在传统文化的"创造性转化与创新性发展"的举措上取得了喜人成绩。乌镇借助旅游业的强大驱动力,成功实现了从单纯观光旅游向文化旅游产业升级的转变。

戏剧集市

### (一)文化引擎,经济增长:乌镇戏剧节的"溢出效应"

戏剧节的举办在功能上对古镇乌镇进行了拓展和改造,打造了乌镇大剧院、网剧场、木心美术馆、北栅丝厂等艺术孵化空间近20个,改造剧场6个,总投资5亿多元,常态化举办艺术展和戏剧演出等活动,使乌镇进一步兼具了传统文化底蕴和现代时尚特性。消费群体得到进一步拓展,带动消费能力持续性提升。自2013年起,乌镇戏剧节不仅成为

乌镇大剧院

文化盛事，更成为推动当地经济发展的引擎。戏剧节的举办吸引了大量游客，带动消费能力持续提升。

### （二）人才培养，产业融合：乌镇戏剧节的"文化孵化器"

乌镇戏剧节承载着培养新一代戏剧人才和推动戏剧生态健康发展的重要使命。青年竞演单元十年来吸引了全国近万人报名，选拔出近700位优秀青年戏剧创作者，并孵化出161部原创戏剧作品。这一平台为陈明昊、吴彼、丁一滕等才华横溢的导演、编剧和演员提供了成长土壤，也为青年竞演的获奖选手提供了前往国外阿维尼翁戏剧节、爱丁堡艺术节、利贺戏剧节等国际艺术节庆交流学习的机会。自2014年起成立的乌镇戏剧孵化基地，也诞生了许多优秀的作品，首部孵化话剧《山楂树之恋》开启了全国巡演，后续作品如《大先生》《戈多医生或者六个人寻找第十八只骆驼》也获得了国家和浙江省级艺术基金的资助。文化乌镇还积极推动当地文化事业发展，桐乡本地剧团积极参与戏剧节活动，为本地居民提供了参与文化活动的机会。

### （三）国际视野，文化自信：乌镇戏剧节的"世界舞台"

乌镇戏剧节以坚守小镇文化自信、推动世界文化交流、共享戏剧艺术为出发点，对乌镇艺术生态环境倾注关怀，扶持青年戏剧人才，实践小镇文化自信，创造属于时代的新的文化内容与文化价值，如第一届青年竞演最佳戏剧奖作品导演陈明昊参演的《茶馆》作为中国当代戏剧首次进入阿维尼翁戏剧节核心板块IN单元。乌镇戏剧节满足了浙江乃至长三角地区对戏剧文化的多元需求，并被全国乃至全世界的观众熟知与喜爱。乌镇戏剧节作为当地的一张"金名片"，已和世界互联网大会永久举办地IP一起，双向发力，成为讲述中国故事的东方名片。

### （四）文化升级，旅游转型：乌镇的"复合型文化旅游目的地"

乌镇成功实现了从单纯观光旅游向文化旅游产业升级的转变。乌镇戏剧节等大型文化活动吸引了全球的目光，将乌镇打造成了一个国际性的文化交流枢纽。乌镇注重文化和旅游产品的深度融合，通过举办古镇嘉年华、戏剧集市等活动，将戏剧、艺术、音乐、美食等多种元素融入其中，使游客能够全方位体验到乌镇的文化魅力。此外，乌镇还注重在地文化资源的挖掘和传承，共同构建了一个既有文化底蕴又有现代气息的复合型文化旅游目的地。

乌镇的成功证明了文化可以成为推动经济发展的重要力量。乌镇通过举办戏剧节、艺术展等大型文化活动，不仅提升了自身文化底蕴和旅游体验，也为当地经济注入新的活力，同时培养了大量青年戏剧人才，为中国戏剧的发展做出了贡献。乌镇的发展模式为特色小镇建设提供了宝贵的经验，也为全国乃至全球的特色小镇建设提供了可借鉴的样板。

**作者简介：**

**邱建卫**，文化乌镇股份有限公司常务副总经理、研究员。
**朱海萍**，嘉兴大学商学院讲师。

特写

# "文化夜游"创作理念下《船说珠江》的创新之路

梁振运

历经 8 个春秋，累计演出超 3000 场，屡屡斩获"中国戏曲票房十强榜""最具岭南魅力的旅游景区""广东省最受欢迎的水上旅游剧场"等行业大奖，并作为珠江夜游中唯一有沉浸式演艺的游船，成为广州夜游中一张亮丽的文化名片，由珠江投资集团、广州城投集团出品，广州城港旅游发展有限公司运营，广东振远文化集团主创团队制作的《船说珠江》是如何做到的？我们将成功的原因归结于五大亮点，即主创团队从"全国首创的水上移动剧场、实践文学剧本先行的模式、讲好新时代世界非遗故事、机械舞台神奇变幻加持、沉浸互动的戏剧体验"五个方面，给予游客观众强烈的差异化体验。

## 一、全国首创的水上移动剧场

2014 年，广州市政协经过深入调研，在主席会议中提出《关于进一步振兴粤剧的建议》，呼吁打造"粤剧红船"，建造一个"流动的旅游剧场"。基于这样的背景，由著名艺术家邢时苗担纲总导演的主创团队以粤剧戏班为题材，结合珠江夜游特色，于 2016 年 2 月 4 日在珠江红船上推出全国首创的水上移动剧场秀《船说珠江》，填补了国内外的空白，重新定义了文旅演艺的边界。

**演出的选址往往决定了演出的形式，而演出的形式又很大程度上决定了一部作品的创新性。**《船说珠江》的主创团队，吸收山水间"实景演艺"与建筑里"剧场演艺"的优点，找到了第三种形态，首创了"水上移动剧场"的演艺形式，实现了"船在江上行，戏在船上演，人在戏中游"这一文旅演艺的全新玩法。

水上移动剧场"珠江红船"

## 特写

选择红船作为演艺载体,寓意深远。粤剧最繁盛的年代,戏班弟子乘红船游走于珠三角水网地带,向四乡八邻传播粤剧,后来红船便成了粤剧辉煌历史的象征。主创团队为这部剧量身定制了一艘充满粤式风情的红船,船头借鉴了岭南建筑元素;船身以彩色的满洲窗为饰,融合了广州骑楼的韵味与西关大屋趟栊门的风情;船尾采用陈家祠和佛山祖庙的设计风格。

纵观当时的旅游方式,大多尚处于看山看水、游山玩水或品山品水的阶段,彼时的珠江夜游也不例外。《船说珠江》的横空出世改变了这一现状,助推珠江夜游从"观光休闲游"到"文化体验游"的产品升级,步入了读山讲水的文化旅游时代。当"文化打卡""地标打卡"逐渐成为人们旅游的必选项,到广州游玩,登广州塔拥抱小蛮腰,夜游珠江饱览花城繁华,成为各种旅游榜单的标配。在此背景上,《船说珠江》这部在广州塔下,在珠江上行走的戏剧,一跃成为珠江夜游里独一无二的璀璨明珠。

### 二、实践文学剧本先行的模式

文旅演艺发展之初,并无剧本,演艺的质量亦参差不齐。**文旅演艺走向成熟的标志之一,便是文学剧本从无到有。**《船说珠江》的创作团队深知文学剧本决定文旅演艺的生死成败,在"剧本为王"理念的指引下,率先在旅游演艺领域实践文学剧本优先创作的制作模式。

文学剧本先行,为其他工种提供了一剧之本,不仅能使剧中人物及人物关系的规律有迹可循,还能为剧中高难度的多空间剧目制作打下稳固的地基。剧中的男主靓剑秋(秋哥)是一位红遍粤港、享誉南洋的粤剧大佬倌,在他生命里有三位重要女性,她们各自美丽动人,都对秋哥倾注了浓厚的感情。痴迷粤剧的西关小姐伍婉婷,想让秋哥单独为自己唱一辈子戏;把戏看得很透的班主之女陈雪云,怕秋哥日后上不了梨园台,竭力阻止他入伍府门;与此同时,在台上和秋哥搭档唱戏的花旦小艳红,脱下戏衣仍想与他比翼双飞……

这样的人物关系如何用创新的表演形式呈现?编剧何继青老师用四条故事线同行并举来结构剧本,对应地,导演团队将红船内部分为四个空间,开创性让四位演员分处于四个空间同时开场。四位演员以四个不同情节讲述同一故事,彼此相互关联又各自独立,观众可自由进入不同空间,跟随不同人物开启不同剧情。这样纷繁的空间场景设计及制

《船说珠江》四位主角

作,假若没有文学剧本这张蓝图,恐怕棘手的问题将层出不穷。

**文学剧本先行,为文旅演艺的文化品质和思想内涵提供了基础性保证**。《船说珠江》的文学剧本,赋予了这部文旅剧浓郁的、有鲜明个性的文学气质。最显著的莫过于,处于情境中的角色,每每情到动人处,歌曲唱词便自然流淌出来,剧中穿插的《情为何物》《戏比天大》等多首歌曲唱词意蕴丰富,传达出人物内心深处的真切情感,可谓声声入耳,字字入心。

从编剧精心打磨的剧本台词中,我们能清晰感受到秋哥对戏的痴狂,能领悟到这部剧的思想主题内涵——"戏比天大"。秋哥去伍府唱戏,面对陈雪云的阻挠,秋哥以有力的唱词回应她:"唱尽古今史,演遍世间事,誓不脱戏衣"。只要戏衣一日在身,梨园魂终生在心,矢志不渝。秋哥离开后,三位女子道尽心中无限情:"我千万次地梦情在何处",另一方面又祈盼"梦醒花飞遥望鹊桥",能与秋哥重聚再续情缘。"我的人生只有文武戏装,我的世界只有唱词唱腔,我为戏痴狂。戏是那座神圣的殿堂,让我的灵魂长久仰望。"毫无疑问,这是秋哥对戏曲艺术最好的告白,也是他对情归何处最好的自白。

## 三、讲好新时代世界非遗故事

广州这座拥有2200多年历史的城市,一直以来都是岭南文化的聚集地。粤剧则是岭南文化的重要代表之一,2009年,粤剧成功申请世界非物质文化遗产。而后,在广州政协委员易红霞和我的提案中,提出振兴粤剧。那如何巧妙融合传统戏剧与文旅演艺,讲好新时代世界非遗故事呢?

主创团队认为,**最好的讲述方式不是将粤剧道具做成博物馆展陈,不是将粤剧桥段拍摄为数字影像,也不是将粤剧表演搬回传统戏台,而是以一种人们喜闻乐见的形式,用符合年轻消费者的时尚美学呈现给观众。**《船说珠江》便是在这样的理念下创作的,团队另辟蹊径,以粤剧为元素,将焦点放在粤剧名伶戏台幕后的传奇人生与世间百态,用独特角度讲述粤剧背后的故事。

鉴于粤剧和粤语对于非粤语话系观众的理解门槛,主创团队匠心独运,巧妙地用"戏中戏"来解决这个难题。"戏中戏"之前,用国语讲述了粤剧名伶台前幕后的故事,拉近与观众的距离;到了"戏中戏"环节,原汁原味呈现了一出经典粤剧名段《新月圆花好》。这样既满足旅游市场中游客对于深度体验的需求,又满足他们对新奇事物的探索欲望。曾经有观众看完后表示,自己在广州生活30年,第一次以这种别开生面的形式接触粤剧,他的孩子看完后也深深感受到岭南文化的新时代魅力。

## 四、机械舞台神奇变幻加持

过去文旅演艺大多处于传统的镜框式舞台形式,观演关系是演员在台上,观众在台下,且只有在一定观看距离之外才能看到演员。移动变幻的机械舞台可谓是《船说珠江》的最大特色之一,其打破了固定舞台、固定视点的传统舞台模式,使得观众欣赏表演时,无所谓舞台和观众席的明显区分,场景以内皆为舞台,亦皆为观众席。

珠江红船长52米、宽15米、高出水平面8.4米,对于传统剧场而言它是一个小空间,但经过主创团队对红船内部的精心设计,方寸演艺空间,实则大有乾坤。红船共有四个奇妙的活动舞台空间——镜花台、素馨阁、月影楼、琼花馆,空间可移动转换、交换互置、封闭开放。游客进入不同空间进行平行观演,当故事剧情发展到一定阶段,船内的舞台机械会发生变化，瞬时合并成两个空间，机械舞台推拉挪移的神奇变幻在此上演。

当第一个故事高潮出现时，船体正中间的V字形天花板突然升起，两个大的演出空间合并，四面八方的观众走入同一空间。这一幕会让很多观众发出惊叹和尖叫。这里有一个大型机械变化，具有很强的视觉冲击感。V字形天花板升起时，无数激光穿孔射出，在偌大的空间里形成光芒万丈的奇幻景象。

在合并的大空间里，导演团队竭尽全力让大家看到更多神奇的变化。移动式马道在空中载着观众来回穿梭，海盗船带领观众跟随剧情旋转遨游。此时，四个主角首次相遇，他们站在中间的升降式舞台上，舞台随着音乐的节奏旋转。正当大家以为空间变化已经用尽时，一个宽仅9米的舞美空间朝观众移动，瞬间化作巍峨宏伟的戏楼，拓展出300多平方米的表演空间和200多席观众座椅，献上一场古色古香的"戏中戏"。

## 五、沉浸互动的戏剧深度体验

登上红船，犹如走进一座百年岭南古楼。跟随剧情，观众进入演艺空间，被声光电影等营造的梦幻世界所环绕，仿佛穿越时空来到百年前的戏班。在这里，眼观舞不尽的生旦净末丑，体味唱不尽的世间百世情。当船靠岸，宛如梦一场，让人久久不能忘怀。《船说珠江》主创团队**从环境设计、人屏交互、剧情互动、多元体验等多个维度入手**，让游客零距离沉浸于故事之中，深度体验做一回剧中人。

红船内部环境设计在保留岭南元素的同时，呈现出时尚美观、金碧辉煌的效果，增加观众在观演过程中的氛围感。如细节与工艺极其精美的移动戏楼、32条

船体内部升降机械舞台

## 特写

《船说珠江》核心主创团队及演职人员

雕花的廊柱、大气典雅的影壁、美轮美奂的西关花窗等，一步一景，步步是繁华。在游客踏入红船之际，便入了梦，进入民国西关的故事情境。

观众与演员、屏幕实现三重戏剧交互。如何让现代科技与传统元素碰撞出灿烂的火花？主创团队找到了戏剧交互的创新形式。刚进入船舱时，机械臂搭配的影像互动设备，实时捕捉观众的现场画面投影到互动屏幕；表演进行时，演员和观众的现场状态即时投影到主屏幕上，观众在真人与影像的无缝衔接中获得虚与实的沉浸互动感。

观众决定剧情的发展与变化，增加戏剧的互动感。《船说珠江》1.0版本的结局是秋哥一生追求戏曲艺术，孑然一身，没有与剧中三位女子中的任何一位在一起。许多看完剧的观众反馈，希望可以看到秋哥在感情上有所归属。编剧在进行《船说珠江》2024版的升级时，便将其改为大团圆的结局，由观众亲自按动各自手中的数码装置，通过投票互动的方式选出佳人，与秋哥成亲。这样的结尾，一方面，打破了秋哥因追求"戏比天大"而放弃爱情的悲剧性，更符合人们追求日常生活圆满欢乐的需求，贴合中华文化传统好人好报的祝愿，贴近文旅演出结尾喜庆的要求；另一方面，增强了观众与戏剧的互动，此时的观众既是船客，也是剧中人，从"看戏人"到"戏中人"，故事的结局掌握在观众手里，他们真正获得了参与感与沉浸感。

一场美轮美奂的沉浸式戏剧欣赏完毕，观众还可以尽情漫步船舷，夜游珠江，眺望珠水流光，饱览羊城无尽繁华。《船说珠江》巧妙地将珠江夜游与戏剧表演融为一体，更加入了科技艺术新元素，为游客提供一种全新又多元的文化旅游体验。"站着看戏、坐着看剧、游着看江"，三重体验过足了瘾，像是做了一场珠江美梦，久久不能忘怀。

## 六、结语

我们正处在一个文化市场欣欣向荣的时代，新的文化产品层出不穷，文化的传承与创新都走上了新的台阶。同时，这也是一个文化与旅游充分融合的时代，旅游者正在成为文化消费的主力。在需求多元化的今天，广东振远文化集团不仅将继续走好文化遗产旅游创新的道路，而且将创新"小而精、小而美、小而多"剧场的理念，以科技演艺为手段，打造戏剧集群产品，让游客更好地体验中华文化之韵，让世界惊叹中国艺术之美！

**作者简介：**

**梁振运**，广东振远文化集团董事长，广州市政协委员，大型活动与城市旅游演艺策划制作专家，水上夜游《船说》、剧场演艺《相约》、城市光影秀《遇见》等文旅演艺总制作人。

特写

# 生长中的"中国童话梦"
## ——高炽海对话"荒野之国"创始人乔小刀

对话时间：2024年8月16日
对话地点：丽江荒野之国
对 话 人：高炽海
　　　　　乔小刀

**高炽海：**"荒野之国"是怎么开始的？

**乔小刀：**之前我在社会上获得一些成就之后，就特别想帮助别人，越帮越多，因为帮别人我欠了很多钱。所以从2013年，我来到丽江隐居，拯救自己。我开始反省自己。

决定要重启人生这件事非常痛。以前我特别善于表达，那我就一个字都不要说；以前我能做音乐，那就吉他都不要碰。这就像壮士断腕一样，擅长的事情要砍掉，去补自己的短板。然后我就开始琢磨我到底要干什么。要重新改变人生轨道，是一件非常难的事情。那时候我已经36岁了，要重新活过来，也就是说让36岁之前全部死去，37岁开始那天我刚出生。

我开始想我活了这么多年，什么事让我最快乐，什么事让我最不快乐。我虽然还没有到达人生终点，但我知道最快乐的是哪个年龄段，是5岁到10岁多，那时候没有法律意识，没有正确或错误的三观，没有固定下来的审美，甚至包括荷尔蒙也都是刚刚启蒙，一切都是自由的。我在那个时候最喜欢做的事情是什么？是寻找秘密基地。找到一个东西，挖个洞把它藏起来，这个洞就是秘密基地。或者我肯定被老师或者家长打过，那我肯定要找个秘密基地躲起来哭，就叫作安全角落，很小的房子，**就像今天你在荒野之国看到的这三四百栋小房子，它们就是每一个有童年心理阴影的人的秘密基地。**

那时我就知道了，我只要是把我小时候干的那些在外人眼里很危险、很有安全隐患的事全部复制出来，那就是人人喜欢的啊。人生最重要的是方向，它比力量重要得多。这个方向找到了，那怎么做呢？当时做不了。第一我没有地，第二我不会盖房子，第三我也没有钱。那怎么办呢？我开始收集废品，开始改造。

**高炽海：**你一开始是先学怎么盖这些东西吧？

**乔小刀：**对，先学怎么盖，我整整用了7年的时间。我选了丽江一块农田，很少有人能找到，离这有5千米吧。我在那"修炼"到2018年，国土局的人来了，说发现了我盖的小房子，工作室就被拆掉了，我才知道国土管理、耕地保护。

乔小刀和高炽海

# 特写

丽江"荒野之国"

那我就继续研发。我把所有的小秘密基地都加上了四个轮子,国土再来查,就会发现它是能推走的,的确没有占用农地。**后来我的秘密基地房子越做越大,推不动了,就装上电机,装上控制器、电瓶,一栋房子竟然就可以开走了。**我开到成都、开到上海、开到北京,我开始卖"房子"啊。我这些年断断续续卖掉了将近1000栋房子,都是非常非常小,长宽不超过3米,高度不超过5米。

通过这样一个过程,我把所有欠的债都还了。那时候我开始变得特别开心,一是因为我的担子不见了,包袱没了。二是因为验证我的方向对了,我每天都是光明大道,而不是在一个阴暗的角落里。

**高炽海:** 那时谁来买你这个房子呢?

**乔小刀：** 那时候地产行业还行，**我的房子是移动的咖啡馆，移动的服装店，移动的奶茶馆，移动的烤串店，任何安居乐业的行业碰上这个房子都适合。** 我这房子是万能钥匙。

------

**高炽海：** 我得把这个过程再捋一下，你2013年到丽江反思，有了快乐和秘密基地的思考，在学习中盖了一些房子，有了一些收入，把以前的债还了，然后想找一个地方做一个更大的秘密基地，正好阳光100丽江项目的这块地闲置，他们愿意给你，按收入分成的模式让你去创意创作。你们的合作时间多长？

**乔小刀：** 合作时间是三年。

**高炽海：** 只有三年？

**乔小刀：** 只有三年，2020年签的合同。

**高炽海：** 那现在已经早就过期了。

**乔小刀：** 到期的时候，都不愿意让我们走，就默默地再续了四年。

**高炽海：** 我参观你这个景区后，觉得投资肯定是不大的。你们用了很多零碎的木头，更多的是收集的各种破烂，组合成了一个奇幻的地方。

**乔小刀：** 任何事情都需要钱，但当时我真是穷。做这件事情需要两笔钱，第一是人工成本，我不允许欠工资，好在团队人少，跟太太申请支持。我是免费的，我的脑子是不用花钱的。第二是材料成本，当时我在全国有些景区改造的业务，用它们来弥补建设所需。

------

**高炽海：** 我看"荒野之国"里的东西，天马行空。这里每一件东西都是你自己造的吗？

**乔小刀：** 是的。

**高炽海：** 我看有很多东西是有创意来源的。比如，在园区里走着，我常常想起"哈尔的移动城堡"。还有，三联书店的那个房子像非洲部落的蚂蚁窝。

但也有很多景观是神来之笔，比如你们那个厕所，你把屋顶做了艺术化的改造，一个人坐在马桶上面读书思考人生。

**乔小刀：** 我的创意难免会参考很多。人类天生是个复制品。你一出生，就要去学习所有的已知的世界，然

## 特写

后再去探索未知世界。有人说我们像疯狂麦克斯，像哈尔的移动城堡，像宫崎骏，有人说我们是中国的迪士尼，我都认。迪士尼已经101岁了，**我们今年刚刚四岁啊，我们还是个孩子，还在学习期，不可能一做出来就是举世无双**。但是从2024年开始，我们就要力求去掉所有的其他符号。

你刚才看到了"中国童话梦"那几个字，那是我新的理想。我去年参加了美国的"火人节"，是被官方邀请的中国艺术家。在来自126个国家的参与者中，只有3个中国人，我就觉得非常非常难过。从1949年新中国成立到今天，中国童话IP在世界上一个都没有立足。幸运的是在"文革"前后，上海美术电影制片厂创作了"大闹天宫""九色鹿""三个和尚挑水喝""小蝌蚪找妈妈"等。但遗憾的是，我们画工的确好，但停留在二维世界里，再也没有变成立体中心。

**高炽海**：我倒觉得二维、三维不是问题的重点，最核心的可能是两件事，第一是讲故事的能力，第二是创造能力。"荒野之国"之所以有吸引力，就在于它处处透着原始的创造力。

**乔小刀**：有想法的人，在中国在全世界有的是。创意对我来说非常简单。创意最简单，创意最廉价，创意最快。**最核心的是执行力**。

如果一个人项目创意想了好久，我觉得这是个笨人。**创意就是在生活里的一切**。比如打火机对我来说就可以做成一个互动装置。一个巨型打火机，喷20米的火苗，一下就把你震惊了。这是多简单的事情啊。

**高炽海**：一定程度上，我认同你讲的话，就是把东西实现了是很重要的。但是你可能没有注意到，**你觉得这些创意是很简单的，但是这在中国恰巧是稀缺的**。

**乔小刀**：这得梳理一下我的人生。我念到初中就没有再上学，**我现在特别感谢这个时代，因为它把我给"挤出来"了**。是什么意思呢？上一代人，我们的父母，每个人的母亲都是裁缝和厨师，每个人的父亲必须是电工、木工、焊工、瓦工，盖房子他们都会。上一代每个父亲都比我厉害，都比我有想象力。他们要发明一个拉手，发明一个插销，发明一盏灯，极快，他们会认为创意好简单。他们会像我一样说，搞这个项目为什么要有投资，不就几个人动手做了吗？

但是后来大家都要努力上大学，社会的分工也越来越细，结果导致80后、90后、00后手工全废。马桶堵死了都要打电话求助，或者找人维修；吃一顿饭，还要找外卖给送去。

所以我是回到了上一个时代的人的思维，我没钱，那么我的创意就不用花钱，我没有人，那就自己变成万能人，自己设计，自己建设，自己修。所以，不是我有什么了不起的创意和想法，只是特别感谢这个时代：三代人"武功全废"，手工能力尽失，而我稍微做了点东西，反而在这个时代特别受欢迎。**我只是把时代的时间稍微逆转了一下而已。**

作品《酒树风语》

**高炽海：**我们**每一个时代都需要这个时代创造**。我记得中国旅游研究院院长戴斌曾经说过一句话，说中国的旅游最缺什么人，最缺有艺术感的企业家，或者是有企业家思维的艺术家。我觉得像你这样的人，虽然不是美术学院的科班出身，但是身上洋溢着艺术家的气质，同时还用自己的双手把它实现了。

**乔小刀：**但**我觉得目前中国旅游行业最缺两个字——审美。**

**高炽海：**对，审美很重要。

**乔小刀：**审美也不是艺术家就一定能掌控的，他可能自己把自己学死了。我们现在看很多城市的大街一模一样，每个连锁酒店、每一个公交的亭子都一模一样，这已经把审美拉平了。这是很危险的事情。在经济不稳定的时候可以放弃审美，在经济稳定的时候，一定要提高审美。

# 特写

你知道我们现在待的这栋房子有多火吗？这栋房子名字叫作"鲜花"，是以回春丹乐队那首全中国最火的歌《鲜花》命名的房子。那是它歌词的第一句，"彩虹里面的人，你们好吗？"这是很多人很难拿到的版权，也是很多人拿不到的想象力。

**高炽海**：我注意到了。荒野中一栋破烂的房子，一首歌，鲜花盛开，这是挺高级又不阳春白雪的审美。

你刚开始建的时候，像梁龙、崔健、刘西蒙、赵英俊等，包括这个"鲜花"屋，这些 IP 都没有进来是吧？

**乔小刀**：没有。那会儿我一个都不认识呢。

**高炽海**：那后来是怎么做到这么多人名 IP 命名的呢？

**乔小刀**：我一直说我就做一件事情，叫作"干

丽江"荒野之国"

掉""对手",这四个字是分开的。"干掉"是说要有行动力,而且要做排名第一的事情,不是说乱干掉。"对手"就是朋友,"对手"就是拥抱,"对手"就是同行,而并不是用来干掉的。我要让他们主动拥抱我,我可是从来不出门的人。

怎么做到这么多 IP 聚集的呢?首先就是要做出一个在中国排名第一而且有审美的项目,来惊动他们、感动他们。还要让大家有心灵回归的感觉。我一直在说"荒野之国"是家医院,是家心理医院,它让任何一个进来的人都会莫名其妙地开心,还不需要大夫,也没人给你开药。这样的项目在中国有吗?没有。在执行的时候,不管是成像、文字、表述……一招一式都要做到极致。

我们有个"荣誉国王"制度。因为这里是"童话王国"啊,所以有"国歌",那是两岁小朋友哼哼唧唧的儿歌,有"国旗",也是一个一岁小朋友用脚丫子踩出来的图案。我们还有童话王国的交通部部长,因为我们有那么多车,得要一个懂车的人去管理,是谁呢?是个 5 岁的小朋友,6 岁他必须退休,太老了。你看,**这是一个游戏童话系统,多好玩。**

所以我们也有"童话王国"的"荣誉国王"。我一般会问这些人一个问题:你喜欢荒野之国吗?大家肯定都说喜欢的。那我就给他发放一个国王证书,是个大红本,上面印的如崔健小朋友,欢迎您成为荒野之国的国王,荒野之国还"送"您一栋房子,等等。**这就是一个超级媒体创意,**得到一个国王证书,这个创意绝无仅有。人人都会拿着国王证书主动拍照,兴高采烈地发朋友圈,因为好玩啊。现在有 270 多位国内的头部 IP 成为荒野之国的国王,但我不是国王。

给了他们国王证书之后,我会说:那您命令我做一个什么样的房子呢?比如张玮玮就说,我有一首歌叫《米店》,好,那就做"米店"。周云蓬说《九月》,好,那就做"九月"。

---

**高炽海:** 有吗?这俩房子我都没看见。

**乔小刀:** 都没做完呢,要放在新项目上。那个新项目要干掉荒野之国。

我之前做了 4 年的"荒野之国",我现在做的事情是干掉"荒野之国"。接下来的项目不叫"荒野之国",可能就叫"中国童话梦"。

我们每到年底都要思考如何干掉乔小刀,如何干掉荒野之国。**如果说一个文旅项目，你不每时每刻迭代，每时每刻升级，肯定死路一条。**因为我们是人造景区。

**高炽海：**你们是怎么迭代的呢？

**乔小刀：**就是每天都变，我敢保证，你明天来这里又不一样了。我们每天都在生产，都在加工。有些房子你明天来就不见了，明天再回来，可能这多了十几栋房子。

**高炽海：**总有一些是会长期保存的吧？

**乔小刀：**长期保存是因为打卡量高，打卡量过低的立刻消失，或者是打卡量太多了，我一定要在它旁边再放几栋。我还要考虑复购率。我们最忠实的一个游客是在一年当中买了 27 次门票进来。我就问他为什么老来，他说你这每天来都不一样。

**高炽海：**所以我觉得你是一个有企业家思维的艺术家。你刚才这些话，更新的缘由是什么、复购率、打卡率等，这些都是企业家思维的特征。

**乔小刀：**我现在还担当不了"企业家"这个称呼啊。我现在无非就是一个"游击队"队长，我要考虑的是我家庭的温饱，跟随我每天打仗的这个部队的温饱。荒野之国现在这 120 亩，你知道几个人运营吗？别的企业可能至少得 20 多个吧，我只有 3 个现场运营人员。第一个人负责卖门票，第二个人卖车，那些车孩子们都爱开，第三个人卖咖啡。我非常在意的是净利润。

---

**高炽海：**我聊一个前面没说完的问题，你说到我们特别需要提高的是审美，这一点我很赞同。在今天这个时代，文旅项目能够成功，一定是审美上去了。你觉得你们的审美的特质是什么？

**乔小刀：我们的审美就是初心，或者叫作本真。**本真就是本来的真实。我的初心就是，我是一个农民的孩子，我一辈子都不会搞一身名牌，也不会把自己包装成一个什么样的有身份的人。**我所有的审美，就是我小时候看到的我家里的场景，**我爸爸妈妈做的那些事情，他们没有钱，艰苦地咬着牙，但是还微笑着面对这个残酷的生活。

**高炽海：**目前中国的旅游需求很旺盛，但是有一个问题，我们整个行业缺乏像"荒野之国"这样的项目——投入实际上很少，凭借的是极其强大的创意和想象力，让人们在 120 亩这么小一个空间里可以徜徉半天甚至一天这么长时间，而且都愿意拍照打卡，发朋友圈，发出各种尖叫。行业需要的是这个类型的项目。

**乔小刀**：我们连公众号都没有，我们是反媒体。一个项目好，千万别自己吹自己，一定是别人说。小红书上有个数据调研，叫"用一句话证明你来过'荒野之国'"，有一个人拿了1500张照片的手机缩略图来证明。每年的30万游客，每个人都是我的媒体。所以在媒体上我是一毛钱都不会花，一分钟都不会浪费。

而且，你说这是个景区吗？连个指示牌都没有，垃圾桶也没有，一切反景区，一切运营反营销，一切思路反媒体。

**高炽海**：里面既没有警示、说明，也没有安保人员，你们怎么解决安全问题呢？

为综艺节目《向往的生活》制作的树屋

**乔小刀：** 这又是我的反商业心理学。这里已经成为丽江排名第一的亲子项目，已经运营 4 年了，投诉非常少。我们是怎么做安保，怎么保护小朋友的？在小朋友眼里没有"安全隐患"这四个字，安全隐患只在成年人眼里，一进来，这些成年人看到这些感觉很不安全的设备，就会自动变成保护者。你肯定看过一些亲子项目，比如海洋球世界，家长把小朋友一扔就玩手机去了。我们不想这样。我们的每一个产品都经过长年的测试，是非常安全的。但是我要从视觉上让成年人觉得这里好危险，这样他才能忙着保护孩子，才能跟着孩子一起玩起来。

**高炽海：** 没有出现过比如说孩子摔跤这样的事故吗？

**乔小刀：** 有一次。在树屋上两个陌生小朋友在一起，一个把另一个推下去了。当时那个树屋是个网红排名第一的咖啡馆，满满当当的人，上上不去，下下不来，就火到那种程度。我们直接把咖啡馆取消了，壮士断腕，再赚钱也立刻砍掉。安全第一，我不会拿这开玩笑。

**但是，也要鼓励我，不能说一味地追求一切安全。如果这样，那么荒野之国那些宝贵的东西就丧失了。**

**高炽海：** 对，如果只讲安全，那就肯定没有新奇感了。

---

**高炽海：** 你前面讲你参加了火人节，回来你就做了"丽江艺术火把节"。云南本身就有传统的火把节，你们这个火把节有什么特点？

**乔小刀：** 中国火人节不可能被批准，有消防安全等很多问题。幸运的是，我竟然在丽江做成了。丽江纳西族的传统火把节是每年农历的六月二十四日到二十六日，人人举火把，市场上都卖火把，已经是从古代到今天的传统了。它好比是我们汉族人的春节。提升火把节，这是一个可行的项目。

另外，做火人节也好，或者做个传统的火把节也好，都是在学别人，**我们要做出唯一的独特性，于是我们给这届火把节定了个主题，叫作纪念"远行的艺术家"**。我们要纪念赵英俊，纪念丽江的传奇宣科先生，纪念张恒远，纪念画家刘辉，纪念与非门乐队主唱蒋凡，纪念沙奇……给这些已故艺术家都做了作品，然后烧掉，就是"纪念远行"。

但是过程挺不容易。因为要保证安全本来就有压力，而我们这个火把节的主体又是音乐节，同时里面还带了一个啤酒节，来的艺术家还涉及十几个

《酒树风语》室内图

国家和地区，就特别麻烦。我们找了十几个部门盖了十几个章——公安、消防、应急、安保公司、环卫公司……因为人多了信号会不好，连通信公司也要找。甚至为了解决消防，我们自己还买了2000个灭火器、租了3台洒水车。

我把正在经历和还没经历的困难，都当成了这件事件的一部分，用这样的心态来平衡自己。

一直到31号活动的最后一天，丽江的各部门领导全程都来现场监督，排查各个安全隐患，直到活动结束，各个部门都做了大量的工作，感谢他们的付出。

**高炽海：**据我了解，你很喜欢谈新文旅。

**乔小刀：**以前，中国的文旅

不太重视树立 IP，也离时代很远。我参加了一个综艺节目《跳进地理书的旅行》，录制的时候我不太有信心，节目播出后让我大跌眼镜，太火了。可能一句诗一首歌一个形象，就火遍全国。我们要赶紧学习，跟上年轻人的脚步。

我的思考是：既然我画不出来 IP 形象，那我就梳理人的 IP。比如张玮玮、周云蓬、梁龙、回春丹、崔健。这些我们的"荣誉国王"们有 IP 属性是因为我把一首歌变成一栋房子，这种翻译要通过装置艺术。建筑和原始的歌曲结合，这样可以做出超强 IP 的集合。

**高炽海：** 我理解就是要关注时代潮流，把线上的流量或者 IP 转化成线下的旅游 IP，这应该是新文旅最重要的做法。**因为 IP 的本质是一种文化吸引力，**而这样的景区实际上成了一个文化吸引力的可视化的集合，人们在其中满足了他们的文化心理需求。

**乔小刀：** 更重要的是满足了他们的治愈心理需求。我们的终极目标是一个医院，每个人都能得到片刻的心理安慰。你可以待一天，你可以在这里治疗你所有不开心的事情。这里面有一个房子，叫诗歌书店，已经两次有抑郁症患者跟我说在里面哭了几个小时，感觉好多了。

丽江"荒野之国"

**高炽海：** 国内的文旅项目我们看得比较多，有些项目对于未来、对于实现旅游业的高质量发展，是有方向性意义的。比如阿那亚，比如孙倩在南海做的大地艺术节，比如你们这个荒野之国，等等。这些项目都在提升审美，都有很好的经济价值，同时，还有很强的社会意义。你目前最大的困难是什么？

**乔小刀：** 应该是土地。我们并不需要投资，但是，因为业主方的情况，现在所处的这块地风雨飘摇。可能明天就会被迫拆除、挪走。如果购买一块商业用地，太贵，可能一下就把我压得动作变形，"中国童话梦"就满是铜臭味了；如果是租用一块地，哪怕 10 年，10 年以后我可能刚见到一个世界级项目的雏形，又到期了，又要搬。土地会导致发展的不稳定。这方面，我们愿意接受国家的支持，愿意在政府的指挥下共同发展。

为综艺节目《向往的生活》制作的鲨鱼船

**作者简介：**

**高炽海**，《中国旅游评论》联合主编。
**乔小刀**，荒野之国创始人、丽江艺术火把节发起人、设计师、音乐人。

# 让传统文化在生活中生长

## ——对中华传统文化"花式"课间操现象的观察

金萌萌　唐晓云

2024年甲骨文广播体操推广展演活动现场（王小彤 摄）

在五千多年的中华文明进程中，很多优秀的传统文化保留了下来。然而，古老的历史环境中孕育的生产生活方式在现代化进程中面临着许多传承的难题。习近平总书记提出"创新性发展，创造性转化"为传统文化未来发展提供了方向。中华文明具有典型的创新性，近些年国内一批民俗传承人、舞者、体育人结合全民健身和文化、旅游、体育产业发展需要，"以古人之规矩，开自己之生面"，将民俗、非物质文化遗产等中华优秀传统文化内容与当下生活结合，通过艺术加工再创造，推出了一批特色鲜明的课间操。甲骨文操、凤阳花鼓操、醒狮操就是其中的典型。这些"花式"课间操融入了传统元素和地方特色，让传统文化在生活中焕发了新的生命力，还丰富了文化旅游内容，提升了旅游目的地知名度和吸引力。这是一个值得研究的现象。

## 一、"花式"课间操的起源与发展

我国高度重视全民健康发展，自1995年提出《全民健身计划纲要》以来，为不断创新和丰富人民群众体育健身活动的内容和形式，满足日益增长的多元化体育健身需求，国家体育总局将课间操、工间操等健身操纳入《全民健身条例》《全民健身计划（2021—2015 年）》等政策文件。除了宣传推广广播操外，体育总局不断推陈出新，引导和鼓励各地区、各行业、各种社会力量，根据群众需求编创丰富多彩、科学性强、简便易行、便于推广的课间操。

习近平总书记高度重视文化传承和发展，在党的十九大报告中提出，要"推动中华优秀传统文化创造性转化、创新性发展"。全国各地积极探索优秀传统文化的"两创"实践，一些城市将文化、体育和旅游跨界融合，于是出现了中华优秀传统文化与音乐、舞蹈、体育相结合的"花式"课间操（见表1）。

表 1　传统文化"花式"课间操的分类

| 类别 | 举例 |
| --- | --- |
| 舞蹈类 | 凤阳花鼓广播体操、醒狮操、土家摆手舞、杯花舞、长鼓操、打跳操、昌都非遗广播体操 |
| 武术类 | 梅山武术操、八段锦课间操 |
| 文字类 | 甲骨文广播体操 |
| 壁画、图画类 | 《舞美敦煌》广播体操 |
| 其他 | 川剧操 |

从推广到校园的广播体操看，"花式"课间操主要分为两种类型。

一类是依托非物质文化遗产创作的课间操，包括：

（1）舞蹈类非物质文化遗产再创作的课间操，即将舞蹈类非物质文化遗产进行编曲、动作再创作的

甲骨文从我们这里出土（慕亚清 摄）

健身操。例如，广东梅州杯花舞、安徽滁州凤阳花鼓广播体操、广东佛山醒狮操、西藏昌都非遗广播体操。这些是最为常见的"花式"课间操类型。

（2）武术类非物质文化遗产再创作的课间操，即将武术动作拆解后进行编曲、动作再创作的健身操。例如，湖南新化梅山武术操、八段锦课间操。

（3）其他技艺类非物质文化遗产再创作的课间操，如川剧操，在川剧变脸的基础上改编而成。

另一类是基于中华文明符号形成的课间操，包括：

（1）文字类，如甲骨文广播体操，根据甲骨文字形特征，将古文字、音乐、舞蹈、体育等多学科融合创新形成的体操形式，全操共9节内容，使用19个甲骨文文字。

（2）壁画、图画类，如甘肃敦煌《舞美敦煌》广播体操，以甘肃敦煌石窟壁画中的飞天和金刚力士形象创造出的广播体操。

## 二、"花式"课间操的创新路径

与其他课间操相比,传统文化"花式"课间操最大的特点是课间操蕴含着传统文化的典型元素,传递着明确的价值观念,是传统文化当下的活化形式。从文化人类学的角度,凡是被流传下来的传统文化通常具有一些共同的特征,一是有着被广泛接受的价值观,比如中秋节、春节年俗文化体现的是阖家团圆的民族心理。二是注重与自然的和谐关系,注重家庭关系等,与自然和生活的不同维度融合。三是有包容性与创造力,能够在不同时期融入当下生活。在传统文化向"花式"课间操创新性转化过程中,可以观察到以下几种实践路径。

### (一)在寻常生活空间中寻找创新"切口"

将传统文化元素融入当下生活场景,是保障传统文化传承的有效手段。与舞台演绎不同,广播体操最大限度地缩小了传统文化与生活的距离。幼小、中小学教育日常和职工工作生活逐渐成为政府、市场、创作团队的灵感焦点。西藏昌都非遗广播体操充分考虑到这一点,将昌都锅庄舞、丁青热巴舞、芒康弦子舞、芒康三弦舞、察雅香堆藏戏、类乌齐日巴寺岭卓舞、贡觉卓舞、江达彩袖舞8项本土特色歌舞类非遗项目进行编创整合形成广播体操,并在昌都中小学推广开来。河南安阳师范学院创作团队在编制甲骨文作品时坚持由浅入深、以舞解字,结合国家广播体操要素和要求,编创了九节广播体操,现已在河南省内外1000多所中小学推广应用,将甲骨文以锻炼健身渗入未来生活的方方面面。

### (二)在城市文化空间中挖掘契合点

寻找传统文化与城市发展的契合点,打造与城市形象紧密关联的城市IP,是平衡传承与发展的关键。"花式"课间操在提取城市特有文化特征和元素的基础上,以动作、音乐、器械等方式融入课间操,在中小学、政企单位等推广宣传,与城市形象形成强连接,打造"动静结合"的城市IP,加强旅游城市文化特质在游客内心的链接。

甘肃敦煌以莫高窟、西千佛洞等石窟壁画闻名。20世纪70年代甘肃歌舞团以敦煌壁画中呈现的舞姿创造出了敦煌舞蹈的前身。敦煌舞蹈成为敦煌文化的重要内容之一。20世纪80年代敦煌在城市中竖立反弹琵琶城市标志,定位城市形象。2015年在敦煌壁画中飞天和金刚力士的动作基础上进行二次创作,编创《舞美敦煌》广播体操,打造城市新IP。在2020年以短视频的形式在抖音等网络平台爆红,短期内传播量上万,点击量破亿。催化出敦煌以广播体操动作打卡拍照的旅游产品，以更生活化的方式推动敦煌文化的传播和传承，促进敦煌旅游业的发展。

从黄飞鸿系列电影到国潮动漫《雄狮少年》，广东南海（今佛山市）醒狮IP深植人心。醒狮操依托舞狮民间体育运动而成，在2023年醒狮操成为佛山西樵中小学大课间必备活动，还举办了《醒狮操》线上PK赛，向全民推广。同年9月佛山组织24 860名学子齐跳醒狮操，关注直播人次高达200多万。南海醒狮走"亲民"路线，将醒狮文化推进广阔的群众视野，深度加强游客对广东佛山的记忆。

（三）在群众活动空间中寻找结合点

"花式"课间操的创造者和行动者往往是一个城市的市民，这就形成了全民参与的群众基础。在大家跳起各式传统文化课间操的过程中，市民既是传统文化的体验者，又是传统文化的传承人，还是传统文化的宣传者。

2024年甲骨文广播体操推广展演活动现场（王小彤 摄）

## 特写

结合凤阳花鼓和凤阳民歌，安徽滁州凤阳花鼓非物质文化遗产传承人和爱好者共同编制凤阳花鼓课间操。针对不同人群，还编创了幼儿无鼓版和手持花鼓版"凤阳花鼓工间课间操"。凤阳花鼓课间操在滁州非遗文化辐射基地推广开来，培养一批小"传承人"，将体验者变成潜在传承者。除了中小学，还在凤阳全县机关、企事业单位进行推广，扩大凤阳花鼓课间操的参与群体，推动全民参与、全民推广。

同样，甲骨文广播体操的体验者，既是安阳殷墟文化的传承人，又是殷墟文化的宣传者。甲骨文广播体操是在19个已释读的甲骨文文字基础上创建的，在体验的过程中体验者会了解到每个动作对应的甲骨文文字及为什么这样创造，于体验中了解中华文明、传承中华优秀传统文化。目前甲骨文广播体操已经在河南省内外千余所中小学推广，老师、学生等自发传播甲骨文广播体操的视频或对相关视频进行推荐评价，突破空间局限，扩大宣传推广受众。

2024年甲骨文广播体操推广展演活动现场（王小彤 摄）

## 三、主客共享背景下的"花式"课间操的融合转化

"花式"课间操是对中华优秀传统文化的传承，是在旅游目的地发展过程中发展形成的。"花式"课间操不仅可以作为激发传统城市文化活力的重要途径，还可以在主客共享框架下，更加深入融入生活，从而成为城市的特色吸引物。

### （一）融入现代生活，推动文体旅融合发展

现代生产生活与传统生产生活的巨大差异，导致传统文化传承和发展面临巨大的挑战。然而，正是这些挑战中孕育着前所未有的机遇。在文体旅融合发展的背景下，探索出一条既符合现代生活节奏，又能有效传承和弘扬传统文化的创新之路，是实现文体旅融合发展必须破解的难题。破题之道就在于"生活化"，即用今天的生活场景容纳优秀的传统文化元素。

"花式"课间操勇闯"亲民"路线，通过提炼城市内在文化特征并将其以动作、音乐、器械等形式展示出来，以一种亲民的方式创新传统文化的传承和传播，有效地解决了现代生活容纳传统文化难的问题。这种创新实践不仅丰富了健身锻炼的形式，还对城市文化特征进行了深度挖掘和提炼，将城市传统文化元素以生动活泼、科学合理、易于接受的方式呈现出来，在展示地方文化特色的同时实现传统文化与群众日常活动的相互融合。

同时，有别于传统的节庆方式，"花式"课间操揭开传统文化高冷和神秘的面纱，不再局限于特定的时间节点和场合，以健身锻炼的方式将时间点延伸至日常生活的每一天，将参与者扩大至日常生活的每个人，与现代人的生活方式无缝对接，展现出前所未有的生命力和活力，更展现了城市的传统文化自信。

### （二）关联城市形象，打造城市 IP，推进文体旅融合发展

一个独特、鲜明、富有魅力的城市形象，能够显著提升旅游目的地的吸引力，成为吸引国内外游客的"金字招牌"。通过精准定位城市文化特色，构建多维度的城市形象体系，不仅能激发游客的探索欲与好奇心，增加游客量，还能在旅游前、旅游中和旅游后加深游客对城市文化的认知与认同。

"花式"课间操经过文化、体育的融合创新,形成了独特的城市IP,不仅承载着地域特色的历史文化精髓,还巧妙融合了多元化健身需求和现代创意,有效提升了城市的品牌影响力和辨识度。同时,也使参与者在体验中感受这座城市的魅力,增加潜在游客旅游体验的渴望,加速潜在游客变游客,从而实现真正的文体旅融合发展。

同时,旅游业的繁荣发展也为城市形象的塑造与传播提供了广阔舞台,游客的口碑传播、社交媒体的分享互动,进一步强化了城市形象的品牌效应。相对于静态的城市IP,能够"行走"的"花式"课间操传播效应尤其明显。"花式"课间操的参与者行走世界的同时,"花式"课间操也"行走"到世界各地,这座城市的形象就以独特的文化体验抓住了新的潜在游客。每个城市都有自己的关键词,例如安阳甲骨文、佛山醒狮、凤阳花鼓等,而在这样一个"行走"的过程中,"花式"课间操成为城市关键词的强印记,促成城市文化、体育与旅游共同发展的三赢局面。

(三)参与式传播促进文体旅融合发展

传统文化在"创造性转化、创新性发展"上往往面临着难以推动更高市民参与度的制度安排问题。更高的市民参与度,一方面更有利于城市

2024年甲骨文广播体操推广展演活动现场(王小彤 摄)

IP的传播，另一方面更有利于唤起市民的主人翁意识，创造保护和弘扬城市特有的优秀传统文化的坚实基础。

"花式"课间操拥有全民皆可参与的特性，它降低了理解与使用传统文化的难度，能够迅速触及并吸引不同年龄、不同背景的市民参与，极大地拓宽了参与群体。这一创新为解决传统文化的市民参与度提供了很好的载体。

与此同时，互联网、数字技术的飞跃发展为"花式"课间操的参与式传播提供了新的生态环境。各大具有社交属性的APP成为自媒体博主展示创意、促进交流的重要舞台。"花式"课间操的新颖及其蕴含的文化自信，正好契合了这个时代互联网传播的特性和需要，每一位跨越时间和空间的用户，都可以通过参与或表达的方式成为"花式"课间操的新传承人或新传播者。

## 结语

"花式"课间操为文体旅融合发展开辟了新的路径。作为一场跨越文化、体育和旅游边界的活力创新，它打破了传统行业的界限，正悄然改变着人们对传统课间活动的认知。它巧妙地融入了城市特色，将体育的动感、文化的底蕴与旅游的探索精神巧妙结合，通过创意无限的健身操形式展现，每一套操都成为展示当地文化风貌的窗口，每一个动作都蕴含着对中华上下五千年文明的致敬与传承。参与者在汗水中感受了文化的温度，在运动中领略了历史的深邃。在提升参与者身体素质与文化素养的同时，还加深了参与者对中华优秀传统文化的认同感和自豪感，激发了他们对那座城市的向往与探索热情，从而进一步推动当地文化旅游产业的繁荣发展。"花式"课间操让文化、体育与旅游在健身锻炼中无缝对接，这是活力中国与文明中国的最好窗口。

**作者简介**
**金萌萌**，中国旅游研究院（文化和旅游部数据中心）统计调查所博士后。
**唐晓云**，中国旅游研究院（文化和旅游部数据中心）副院长。

# 文化保护和时尚融合是当下建筑艺术旅游发展的关键

——对天津五大道建筑艺术旅游的观察

李鹏鹏　高炽海　常菡

五大道夜景

建筑艺术旅游是一种既传统又新兴的旅游模式，其核心精髓在于引导游客深入探索那些集艺术美学与历史积淀于一身的建筑精品，进而全面体验并领悟其蕴含的美学价值、历史意义、文化内涵及技术成就。从活动体验演变的角度看，历史上几乎所有游记中，建筑与人居环境的描述都占据了显著地位，如《徐霞客游记》细腻展现了庙宇庄严、楼阁精巧与民居质朴之美。而今，建筑艺术旅游更为壮大，现代游客不再局限于游记阅读，更热衷于"打卡"与"种草"城市建筑，亲身体验并分享其独特韵味。Citywalk（城市漫步）等新兴旅游形式，更让游客得以悠闲漫步于城市，近距离领略建筑与艺术的交融。

在中国，建筑艺术旅游展现出多姿多彩的面貌。从山西大院与古城建筑中可以感受古代中国人民的工艺智慧，也可以来一场《黑神话：悟空》的游戏时尚体验之旅；从天津五大道、上海外滩与广州沙面建筑群，可以聆听近代中国开放与变革的故事；厦门鼓浪屿的万国建筑博览与青岛八大关的欧式风情，则展现了地域文化与外来建筑艺术的巧妙融合；而香港摩天大厦与台北101大厦、上海陆家嘴建筑群等现代建筑杰作，以其独特的形态和高度成为当代中国的标志性符号，吸引着无数游客的眼光。如今，建筑艺术旅游已成为全国范围内备受追捧的热门旅游形式。

"汉唐风华西安韵，明清气象北京城，近代百年天津情。"天津，这座历史悠久的城市，以其独特的五大道建筑群，在近代中国历史上留下了浓墨重彩的一笔。五大道被誉为"万国建筑博览苑"，汇聚了风格迥异的洋楼建筑，从民园广场的欧式风情到先农大院的古典韵味，从庆王府的尊贵气派到重庆道225号的时尚聚点，每处都散发着迷人的魅力。这里不仅是建筑的盛宴，更是文化的熔炉。五大道国际文化艺术节、国际旅游节、国际摄影双年展及备受瞩目的海棠花节等时尚活动轮番上演，让五大道成为天津乃至全国瞩目的建筑旅游目的地。文旅部相继授予其"国家全域旅游示范区"及"首批国家级夜间文化和旅游消费集聚区"的殊荣，"五大道海棠花节"也荣获中国旅游研究院评选的城市文旅创新十佳案例。这些荣誉映衬着五大道的建筑艺术旅游已成为天津一张闪亮的旅游名片。

在2023年首届海棠花节期间，和平区五大道景区接待游客总计152万人次，旅游总收入达到2亿元。这一盛况在2024年第二届海棠花节上得到延续并升级，五大道景区累计接待游客量突破202万人次，同比增长133%，旅游总收入更是跃升至4.7亿元，同比增长了241%。

尤为值得一提的是，五大道已成为年轻一代争相打卡的热门地标。据2024年清明节期间统

# 特写

计，"80后""90后"及"00后"群体占据了到访游客的七成以上，他们以独特的视角和方式，在社交媒体上分享着与五大道的每一次邂逅，让天津五大道的"海棠花节"成为一场全民共赏的文化盛宴，成功实现了从"景点"到"网红打卡地"的华丽转身，火爆"出圈"。

## 一、五大道文化旅游区建筑艺术旅游发展历程

天津五大道文化旅游区占地1.28平方千米，由马场道等五条路围合而成，内含23条纵横街道，总长17千米。区内拥有2185栋建筑，总建筑面积达230万平方米，其中包括423所被列为不同等级的历史风貌小洋楼，占全市同类建筑近半。此外，还有337处各级文物保护单位，其中国家级39处。这些共同构成了著名的"五大道近代建筑群"。

五大道建筑俯瞰

### （一）花园式住宅建设，历史建筑风貌保护

1860年，天津在第二次鸦片战争中被迫对外开放为通商口岸，随后，英租界在这片土地上扎根。进入20世纪初，英国人的影响力进一步扩展，他们跨越了墙子河的界限，将目光投向了后来的五大道区域，并依据"花园城市"的先进理念，精心规划了这一区域，实施住宅分区建设策略，同时配套了现代化的公共设施，提升了居民的生活质量。五大道融合了历史与现代、东方与西方，迅速崛起为天津的璀璨明珠，成为社会上层人士向往的居住区。清朝皇族贵胄、各界名流汇聚于此，共同编织了传奇故事。

新中国成立后，人们给予五大道地区前所未有的保护力度。其珍存的建筑艺术瑰宝不仅被视为国家级的文物宝藏，更是城市生活中不可或缺的文化居住空间。然而，随着新中国成立后的社会变迁，五大道区域迎来了大量新居民，昔日的独门独院逐渐被分割为多户共居，空间布局与居住环境面临着前所未有的挑战与恶化。

20世纪80年代初，天津市房屋整修办公室承担起了五大道地区复兴的重任。该机构果断行动，全面清理拆除区域内的临时搭建与简陋棚户，同时细致修缮恢复沿街历史建筑，让五大道的"小洋楼"重新焕发光彩，成为呈现城市记忆的亮丽风景线。1986年，"历史文化保护区"概念提出后，五大道作为天津"建筑博物馆"中十二大历史保护街区之一，被赋予新使命与地位，受到广泛关注与重视。这一转变标志着五大道在保护与发展上迈出坚实一步，为其可持续发展奠定基础。

**（二）确立文物保护定位，拓展旅游开发**

自1994年起，天津市相关部门和文物保护专家提出了对五大道地区进行整体保护的思路。首先，《五大道地区建设管理保护规划》将五大道定义为"西洋古典传统风貌保护区"，并确立了核心区、中心区和外围区的分区保护体系和历史建筑保护体系。其次，扩展单体建筑与外檐保护到院落、围墙及整体环境保护，不断规范保护标准。最后，形成了"整体规划、私房开放、围墙透绿、街道绿化"的保护理念，这不仅是对建筑艺术的保护和改造，也是旅游发展的起点。

自2009年起，五大道地区正式迈入了建筑保护与旅游开发并驾齐驱的新纪元。2013年，该地区的近代建筑群凭借其独特的历史价值与建筑魅力，荣获中华人民共和国国务院颁发的第七批全国重点文物保护单位殊荣。为更好地保护文化遗产，天津市政府出台了一系列保护规划，包括《五大道地区城市设计》《天津市五大道地区整治规划》及《天津市和平区五大道历史文化街区保护规划（控制性详细规划）》等，这些规划不仅为建筑分级改造与精细化管理提供了科学依据，也确保了五大道地区历史风貌的完整延续。

2014年，五大道成为国家4A级旅游景区，彰显旅游品质与影响力的飞跃。它积极申报国家5A级旅游景区，全面启动升级建设，力求以更高标准管理好区域，服务于民众。近年来，和平区五大道旅游发展按照"总体定位、分区规划、重点突破"的方式组织实施。总体以桂林路、新华路为界，打造文旅西区、国潮中区、金融东区三个功能片区；从南到北塑造六条特色主题道路，如英伦马场道、静雅睦南道等。通过五大道公园、民园广场等核心区域的建设和提升改造，打造"两园九里十二院"的空间布局，提升区域整体形象和吸引力。通过挖掘五大道历史文化内涵，鼓励商家引进新兴业态和创意产品，打造具有传统文化和现代元素的旅游产品和体验项目，满足更多年轻人多元化的旅游需求。

## （三）街区升级，旅游转型

"十四五"以来，五大道进一步提出街区升级的发展目标，谋求旅游业的深化与转型，以更好地适应时代要求。

### 1. 五大道升级为文化创意街区、时尚街区

首先，天津市政府针对五大道街区，提出了"立足中国历史文化名街，对标世界一流标准，打造天津文旅会客厅、美好慢生活体验场"的规划定位，旨在确立五大道街区转型升级方向。其次，重点开发特色街区和建筑。例如，重庆道225号创意街区在原有建筑风貌上，进行路面、护栏和屋顶简单改造和装饰，引进日式西餐、咖啡与包子的创新组合，成为吸引年轻人的"网红"街区。民园西里文化创意街区将传统商业转型升级，利用历史建筑引入现代文化的咖啡馆、酒馆和旗舰店等，营造历史建筑原貌和现代商业消费氛围。最后，依托历史建筑遗产，融合现代时尚文化活动，尤其是友谊路的"酒吧风情街"，以其独特的演艺与音乐文化，成为吸引青年人的热门地点。向文化创意街区发展，向时尚街区升级，这赋予了老建筑新的生命力。

### 2. 打造夜间经济旅游消费聚集区

为了进一步顺应旅游市场的发展趋势，五大道在2021年积极投身于夜间经济与旅游消费聚集区的打造中，致力于打造融合中西文化精髓、彰显时尚魅力的高质量夜间经济街区。政府以提供财政补贴、税收优惠等政策措施，鼓励商家延长营业时间，开展夜间促销活动，吸引更多消费者。对五大道街区建筑、街道进行亮化设计，营造温馨、浪漫、富有特色的夜间氛围；以"历史体验＋餐饮"为聚客元素，挖掘天津历史街区文化，调整中西餐业态，形成中西合璧夜间消费区；鼓励并支持在夜市街区举办文艺演出、音乐节、沉浸式话剧、脱口秀等活动，丰富夜间文化娱乐生活。

### 3. 服务年轻人创业，吸引年轻人旅游

自2018年以来，和平区专门设立了"大学生创意创业专项基金"等扶持政策，为青年创业者提供资金与保障，鼓励在五大道开设创新特色店铺，如创意市集、特色咖啡馆，助力青年创业热潮。同时，五大道景区通过城市更新和旧厂房改

造等方式，为年轻创业者提供更多创业空间。特别是重庆道 225 号、棉里艺术街改造较为成功。另外，五大道文化旅游区积极吸引年轻一代旅游群体，让年轻人为老遗产发声。当下年轻群体的生活、休闲与旅游观念有互联网原住民特征，有很好的审美，有文化平视的自信。五大道深化演艺旅游融合，借助民园广场开心麻花剧场等品牌效应研发文创与定制演出产品，邀艺人担任形象大使参与综艺，延长产业链吸引青年。同时，他们还积极调整旅游宣传策略，采用更加贴近年轻人群体的方式，如利用短视频、图文分享等形式，在小红书、抖音等平台上推广五大道的独特魅力，从而形成对年轻人进行旅游宣传的新风尚，为景区带来持续客源与活力。

## 二、五大道文化旅游区建筑艺术旅游开发实践及措施

天津五大道建筑艺术旅游融合了历史积淀与现代创新，以其多元建筑风格著称，展现了高超的保护与开发智慧。五大道的居住空间转型为文化旅游空间，丰富了旅游业态，诠释了"景观之上是生活"的新时代旅游发展理念。在这么多年的保护与发展历程中，天津市委市政府、和平区委区政府的以下工作具有比较重要的价值。

### （一）深化管理体制，保障战略实施

天津市政府与和平区委区政府高度重视旅游发展，成立了由高层领导挂帅的旅游发展委员会及专项创建工作领导小组，强化旅游项目的顶层设计与执行力。此举确立了领导责任、联席会议及严格督查的工作机制，构建了全方位管理体制框架，为旅游业蓬勃发展奠定基础。此外，和平区建立了多部门参与的联席会议制度，旨在协调解决企业面临的各类问题，提供综合指导和服务。同时，和平区注重对五大道景区的多维度、深层次管理与开发，成立了五大道地区管理委员会和五大道旅游公司，制定了包括景区、商户、游客服务等管理制度，全面保障五大道建筑艺术旅游各项服务和管理。

### （二）优化产权关系，统筹片区经营权

面对天津五大道复杂产权关系的挑战，政府与企业携手并进，采取了一系列创新且有效的策略，旨

在优化资源配置、促进多方共赢。政府明确了五大道所有资产的产权归属与使用权限，解决了发展的核心障碍；在此基础上，将多方资产纳入统一管理，逐步交由五大道合作运营公司统筹开发管理，促进旅游资源的合理利用，提升游客体验。调整了区域内工业用地建筑使用权，并通过规划，保障原工业用地的建筑风格与区域整体风貌和谐统一。在开发时序的策略上，五大道景区管委会和运营公司采取"先易后难"的发展策略，与现有建筑产权单位合作，逐步开发，实现共赢。

### （三）有为政府，着力做好公共服务

在公共服务方面，政府有针对性地提升五大道景区公共服务水平。首先，全面升级基础设施，包括道路、照明、绿化与标识系统，以提升区域居民的生活质量，提升片区建筑景观质量。其次，完善区域内部的旅游交通和慢行系统，比如引入观光车项目连接各重要历史建筑，在海棠花节盛季，还特别引入无人驾驶汽车项目，旨在为游客提供更加新颖、便捷的交通方式，进一步增加游客的重游率。同时，通过严格的公共管理制度，强化多部门联动合作，有效管控游览三轮车、严打黑导游、规范共享单车停放秩序等，并实现对商户的综合管理和有效服务，确保游客安全，提升游览舒适度。最后，五大道景区积极探索智慧旅游，运用大数据、一机游等智慧化技术手段，增设电子导览，为游客打造个性化游览体验。

### （四）保护中活化建筑遗产内涵，创新建筑艺术形式

天津五大道当前的旅游热度，得益于新中国成立以来的文物保护工作。天津五大道建筑遗产保护中践行了"保护与价值并重，使用让遗产活化"理念。在尊重并保护建筑遗产原貌的基础上，积极探索其现代使用功能，通过现代科技、时尚艺术等方式，让公众体验建筑文化的内涵和价值。比如，五大道历史风貌建筑改造的北疆博物馆、筑艺咖啡等场馆，通过现代设计和商业植入，对历史风貌建筑进行了保护性修复，对周边环境进行了提升性改造，不仅吸引游客纷至沓来，还推动了建筑艺术的保护与传承。坚持文物保护，并在此基础上进行合理建设和改造，是激活建筑旅游动力的关键。

### （五）打造民园广场游客集散IP，培育建筑艺术旅游示范区

民园广场前身为20世纪二三十年代远东地区著名的民园体育场，建筑风格充满欧式风情。2012年，和平区启动了民园体育场保护利用提升改造工程，将其打造成一座融游客集散中心、特色文化博览中心、休闲体育体验中心、

民园广场

异国风味美食中心为一体的城市休闲广场。改造后的民园广场积极引入多种功能，如会议交流、文博展馆、成果展示、品牌购物等，使其成为知名的游客集散地。此外，民园广场定期举办各类文化活动，如"草坪咖啡""星空演艺""老爷车展"等，不断拓展文旅消费新场景，持续创新旅游体验模式，适应并引领旅游市场多元化需求，已成为建筑艺术旅游示范区。

（六）借助建筑艺术打造多样化新业态，适应新时代旅游需求

五大道地区凭借历史建筑和艺术底蕴，构建了综合性文化旅游圈，其业态发展的理念是在坚持保护建筑遗产的基础上，注重创新与融合，将传统与现代相结合，打造独具特色的时尚业态。近年来，通过引入新兴业态，给五大道文化旅游增添了新活力。例如开设历史、建筑和民俗体验馆，增加了片区体验

产品的文化厚度，让人们在表层的建筑观览之外，可以有深层的知识获取。又如，引进了欧洲进口商店和超市，不仅丰富了旅游消费种类，还唤起了昔日天津贸易天下的怀旧感。打造"黄江油画艺术中心"，实现油画创作、展示和交易一体化，丰富五大道艺术内容。还有"津遇和平"主题系列活动，融合了多种元素，以科技、市集、非遗、体育及国潮打造跨界盛宴，通过场景展演、旗袍秀及"妆造citywalk"等活动，展现历史与现代的交融，让游客在历史建筑中体验津派生活的独特魅力。

（七）打造时尚新节庆，激活历史老建筑

2023年首届"海棠花节"在天津五大道成功举办，其"赏花攻略"迅速走红，线上线下掀起热潮。近30家央媒及天津本地主流媒体累计报道232次，形成强大宣传矩阵。社交平台上的相关话题、文章与短视频激发了网民的广泛兴趣，话题视频总播放量达1.5亿次，热门话题总阅读量突破3000万次。活动期间，五大道重点区域单日客流量峰值增至92.9万人次，展现了海棠花节的巨大吸引力和影响力。2024年，五大道"海

五大道盛开的海棠花

棠花节"已经成为天津重要建筑旅游名片。据国家统计局调研，18岁至25岁游客人群占比六成，游客对海棠花节的满意度高达98.6%。

西府海棠花伴随五大道已逾百年，但海棠花节是今人的创新创造。7处"告白场景"、16处"浪漫装置"、27处"甜蜜打卡地"，举办48场风格各异的音乐会，以历史街区为背景，以花为媒，上演时尚的新节庆，这是它成功的原因。同时，它重塑了独特的建筑旅游品牌形象，为区域文化旅游产业的繁荣发展注入新活力与动能。

## 三、关于提升建筑艺术旅游的几个建议

### （一）挖掘文化价值，树立地方的文化自信

任何一个地域都蕴藏着极富价值的文化，这些文化往往深植于其独特的建筑之中。建筑不仅是居住或使用的空间，更是历史的见证者、文化的承载体。我国各地本身就拥有众多具有地方文化特色的建筑，如徽派、川西、赣式、白族民居甚至羌族碉楼等，均是地域性建筑文化精髓的生动展现，更是区域居民独有生活方式的表达。因此，每个地方都要珍视这些建筑及其背后的文化价值，要对自己的地域文化热爱且自信。要通过保护和利用，让这些文化瑰宝焕发出新的生命力。应坚持"遗产活化才能实现文化价值"的理念，

发扬历史建筑的艺术内涵，并注入新内容，创造时代性表达。这样的建筑艺术旅游一定是有质量的产业形态。

### （二）利用好citywalk兴起的机遇

这两年，国内旅游兴起了citywalk热，以及作为其基础的城市旅游热。Citywalk起源于半个多世纪前的London Walks，强调深度体验和个性化探索，这为更好地欣赏建筑艺术提供了一个时尚又有趣味的形式。伦敦牛津街、纽约高线公园，都是通过精心规划的citywalk路线，让游客可以更加贴近城市的历史和文化，深入了解街区、建筑背后的故事和艺术价值，贴近城市的呼吸，感受城市的气质。国内citywalk目前主要的参与群体是年轻人，年轻人引导着国内的旅游风潮，他们更是旅游最主要的传播者。积极利用好国内citywalk兴起的机遇，通过创新旅游产品和服务，提升游客体验，这是很多城市发展建筑艺术旅游、推动城市品牌的机会。

### （三）学习借鉴"旅游+"的形式

建筑艺术旅游正迎来崭新机遇，要学习借鉴"旅游+"的模式创新，进一步拓展"建筑+"策略，激发其无限发展潜力。一是可以通过"建筑+艺术"的形式，将历史建筑与街区变为时尚的

# 特写

载体、前沿生活的代表。例如，上海愚园路和巴黎蒙马特高地均成功融合历史建筑与艺术活动，前者以展览、沙龙、集市营造建筑艺术氛围，后者则作为艺术家聚集地，融合建筑遗产与艺术村落，共同打造艺术生活化的典范。二是可以通过"建筑＋科技"的形式，让老建筑焕发新活力。上海复星艺术中心与法国里昂灯光节均展示了灯光科技的无限可能，前者以建筑为画布，绘制流动的艺术画卷，后者则将城市建筑变为舞台，上演盛大的光影交响曲。二者皆通过灯光科技与建筑的巧妙融合，为游客营造了难忘的沉浸式旅游体验。不仅是以上两点，建筑艺术旅游还可以通过跨界合作，探索各种"建筑＋"的可能性。比如，"建筑＋美食""建筑＋体育""建筑＋研学"。总之，老建筑需要积极拥抱新生活，才会迎来发展的新机遇。

## 结语

建筑艺术旅游融合了城市文化遗产、日常生活风貌及独特旅游体验，其直观价值往往体现于城市景观之中，但其核心精髓是城市灵魂的表达。随着时代的变迁，游客的诉求已从单纯的风光欣赏，升华至对蕴含于风景之上的美好生活方式的向往，这标志着旅游体验正式步入了新场景化时代。建筑艺术旅游以其独特的魅力，成为民众追求美好生活旅程中的一抹亮色。它不仅是对古老建筑艺术的探寻，更是对城市生活深度体验的邀请。只有建筑景观超越了单纯的视觉享受范畴，才能实现旅游体验价值和人民美好生活的目标。

**作者简介：**

**李鹏鹏**，中国旅游研究院（文化和旅游部数据中心）博士后，北京鲁迅博物馆（北京新文化运动纪念馆）研究室馆员。
**高炽海**，《中国旅游评论》联合主编。
**常菌**，天津市文化和旅游局宣传专班一级主任科员。

# "融"与"活"：非遗赋能文化旅游高质量发展的贵州探索

王明　刘孝蓉

习近平总书记指出，非遗是中华优秀传统文化的重要组成部分，是中华民族的精神命脉和文化根基，他提出要"让收藏在博物馆里的文物、陈列在广阔大地上的遗产、书写在古籍里的文字都活起来"。总书记的讲话不仅为非遗保护指明了方向，也为非遗与旅游的融合发展提供了理论依据。通过非物质文化遗产赋能旅游，既可以实现文化的活态传承，又能够促进旅游的创新发展，达到双赢的效果。

非遗是一个民族或者地区长期以来形成的价值观体系的综合，是独一无二的文化基因和集体记忆，是凝聚千百年来地方民间智慧的载体，也是当地区隔于他地的身份认同依据。在旅游开发场域下，这种独具地方特色的文化元素具有较强的辨识度，既是重要的旅游资源，也构成独一无二的地方形象。旅游是非惯常环境下的特殊体验，能为非遗提供更多的实践和应用场景。游客除了向往当地的自然风景，最重要的是对地方异质性文化充满好奇，对镌刻文化烙印的生活方式充满期待，通过体验这种地方文化，成就让游客难忘的旅游过程。因此，非遗与旅游具有天然的依存共生关系。

通过非遗赋能文旅融合，既可以实现文化的活态传承，又能够促进旅游的创新发展，达到双赢的效果，其出发点与落脚点也均是实现文化旅游的高质量发展。在文旅融合的新时代背景下，基于天然的"经济聚集性"和"文化聚合性"，非遗以新的"结构—功能"作用，成为推动文化旅游高质量发展的核心力量。

## 一、做法：做好"融"字文章，多彩业态引燃贵州"文旅融合"新场景

贵州历史悠久、文化多元，18个世居民族依山而居、傍水而栖，757个中国传统村落和312个中国少数民族特色村寨散落在大山中，留下众多具有独特魅力的非物质文化遗产。截止到目前，现有人类非遗代表作名录3项，国家级非遗代表性项目99项159处，省级非遗代表性项目628项1025处；有国家级非遗代表性传承人94人，省级非遗代表性传承人620人；有国家级文化生态保护区1个、省级文化生态保护区5个；有国家级生产性保护示范基地4家、省级生产性保护示范基地57家。

在习近平文化思想系列精神的指引下，贵州坚持以文塑旅、以旅彰文，把多彩非遗和美好生活结合起来，把传统文化与现代时尚结合起来，让非遗主题游转化为精彩的风物风情和人文景致，扩大了旅游观赏和体验的空间，彰显出文化旅游深度融合的崭新气象，形成了吃非遗、住非遗、穿非遗、听非遗、赏非遗、购非遗等的旅游产业链，以非遗为主要内容和符号标识的"多彩贵州"文化品牌可见度、知名度和美誉度效应不断提升。

（一）培育非遗精品旅游线路，融通体验新潮流

结合贵州非遗资源的分布情况，联动周边旅游景区，围绕"世界发现贵州非遗之美"，以"千年侗寨 踏歌而行""匠心筑蕴 寻味林城""万峰林立 布依人家"等为主题推出十大非遗主题旅游线路并向社会发布，并依托苗族独木龙舟节、苗族姊妹节、苗年、侗年等民俗节庆，开发一批文化底蕴浓郁、体验性强、特色鲜明的非遗民俗节庆旅游产品。同时，通过挖掘非遗研学旅游资源，围绕"访隆里古城，听人间天籁""苗疆山水，非遗秘境""观思州石砚，学古法造纸"等主题，推广六条非遗研学旅游路线，其中"贵州瀑乡，奇遇屯堡"文化非遗体验之旅，2023年被《中国旅游报》评为2022年全国非遗特色旅游路线。

苗族独木龙舟节

## 特写

### （二）拓展非遗旅游体验空间，活化消费新场景

重点围绕旅游景区、城市商业综合体等资源，深入挖掘传统表演、手工技艺、民俗节会等传统文化中的价值元素，梳理出可体验性的非遗项目，制定出台《贵州省非遗旅游体验空间认定与管理办法（试行）》，培育了黎平侗品源、榕江倚山人、丹寨国春银饰等一批融非遗技艺体验、产品展示、互动社交业态为一体的非遗旅游体验空间。依托贵州省非物质文化遗产博览馆，打造"多彩贵州非遗文创集市"，通过融入黄平泥哨、银饰锻造技艺、蜡染技艺、苗绣、剪纸、竹编等非遗项目，通过传承人现场互动开展研学体验使"非遗"与研学融合，成为融非遗研学、观赏体验为一体的非遗文创空间。2024年3月贵州茅台酒股份有限公司等4家企业被文旅部公布为国家级非遗生产性保护示范基地，成为研学旅游体验的重要场所。

丹寨蜡染

荔波瑶山古寨

### （三）打造非遗主题旅游景区，拓展文旅新业态

健全"景区+演艺""景区+特色工艺品"等模式，开展"非遗展示、文艺展演、旅游展销"三展合一的景区实地文旅推介活动，有效拓展文旅新业态。依托雷山县郎德苗寨、荔波县瑶山古寨景区等打造非遗旅游景区，依托丹寨万达小镇、黎平县肇兴镇、赤水市大同镇和乌江寨打造非遗旅游小镇，依托黔西市化屋村、雷山县麻料村、丹寨县国春银匠村打造非遗旅游村寨，树立非遗旅游主题文化名片。依托丹寨万达小镇办好"中国丹寨非遗周"活动，通过将非遗品牌活动与旅游景区有机融合，不断丰富景区文化内涵。据不完全统计，在"第三届中国丹寨非遗周"活动期间，累计接待游客38万人次，单日最高接待游客量12万人次，旅游综合收入达4亿元。

（四）跨界合作非遗旅游系列活动，创新用户新黏度

融入乡村体育新赛事，让文化沉浸更有生命力，借助"村BA""村超"火爆出圈契机，适时推出非遗展示展演、非遗文创产品展销等，营造整体文化氛围。据不完全统计，2023年，"村BA""村超"有超过260个非遗精品节目，8万余人次的群众啦啦队现场参加"非遗秀"，形成文体旅融合发展的品牌体育赛事活动，吸引了大批游客前往活动现场参观与体验，让游客近距离参与感受非遗的热烈魅力。2023年底，为纪念《保护非物质文化遗产公约》通过20周年，以全国和美乡村篮球大赛总决赛为契机，组织特色非遗节目在"村BA"决赛期间开展非遗展演，并组织80余家非遗企业、工坊在"村BA"赛场外进行现场展示展销。榕江"村超"的"超级星期六"，比赛间隙都会融入非遗元素，侗族大歌的国家级非遗代表性传承人胡官美，侗族琵琶歌的国家级非遗代表性传承人吴玉竹及杨月艳先后多次受邀参加展演。随着榕江"村超"被各大媒体报道与转载，越来越多的游客选择直接到传承人所在村寨，实地感受非遗的魅力，有力促进了当地乡村旅游的发展。

（五）开发非遗旅游伴手礼，丰富产品新供给

围绕贵州独有的文化资源，推动开发生产具有贵州特色、生活化、实用化的非遗文创旅游商品，着力打造贵州伴手礼品牌，有效丰富文化旅游消费市场的产品供给。通过在脱贫地区、乡村振兴重点帮扶县、易地扶贫搬迁安置区设立非遗工坊，探索"互联网＋传统工艺＋在地就业＋文化传承"的贵州实践，对部分条件比较成熟的非遗工坊培育成贵州特色旅游商品专卖店，采用统一的形象标识，推动消费升级，让"指尖技艺"成为特色经济。据调查，2022年度全省非遗工坊产值达26亿元，带动就业人数约4万人，带来游客近百万，松桃苗绣、石阡苔茶、台江刺绣、雷

三都马尾绣

山银饰、赤水竹编、大方漆器、玉屏箫笛、三都马尾绣等一批示范性强、推广性高、带动性大的特色优势资源项目不断丰富，产业发展规模不断壮大，成为游客来到贵州必带的伴手礼。如在铜仁，培育有思南花烛、印江油纸伞、碧江叶脉绣等独具铜仁本地特色的非遗文创产品150余种，形成了以松桃苗绣、万山丹缘朱砂、玉屏箫笛等为代表的"一乡一特"非遗文创商品发展新格局，培育有非遗文创企业1000余家，带动当地5.8万余名群众就业。先后举办了"多彩贵州旅游商品暨文创设计、非遗旅游商品定制设计大赛""贵州省民族民间传统工艺大赛"等非遗文创设计大赛，培育孵化了一大批本土非遗文创设计团队及知名设计师，涌现出了"布谷鸟""梵净山""宁航"等一大批示范品牌。

## 二、经验：激活"活"态动力，创新活力赋能"生活美学"新实践

在"见人见物见生活"的实践创新中，贵州立足本地多样性的民族文化，充分挖掘其文化内涵与核心价值，对其进行有效提炼、展示，同时坚持与特色产业的深度融合，丰富消费者的体验感与获得感，为旅游发展提供了新引擎、新动力、新消费，不断增加了文化旅游市场的竞争力和附加值。

从贵州的实践中，我们发现非遗赋能旅游发展可以有四个路径，可以为旅游增添四种"力量"。

### （一）以非遗充实景区内容力

近年来，景区内容不足、吸引力匮乏的问题越发严重，一片山水几个古迹或者一批人造古建就可以收费经营的时代已经过去。如何有效解决景区内容不足的问题？贵州的实践证明，充分发挥传统技艺、传统表演、民俗节庆等非遗项目互动性高、参与性强的特点，将其展示、体验空间拓展到周边景区，通过政府搭桥、企业携手，引入非遗代表性项目常态入驻景区，可以极大地充实景区的内容力，可以提升景区的持续创造能力、传播能力和影响能力。

◩ 特写

西江千户苗寨

黔南州龙里县的"金海雪山"景区坚持"非遗+景区",专门建有"乡愁园",依托"中国稻雕艺术之乡""中华布依第一寨""长衫龙""布依族医药益肝草制作技艺"等独有的非遗名片体验场景,在景点打造中有机植入体验感强的非遗项目活动,将非遗与旅游景区进行融合融通,有效提升了景区的文化内涵力和游客吸引力,使得农文旅融合更"融活"。在遵义"璀璨乌江寨·非遗嘉年华"活动期间,乌江寨旅游度假区接待游客1.8万余人次,实现旅游综合收入300万余元,景区内客房出租率达66%,单日游客最高接待量达5千余人。作为国家级文化生态保护区的黔东南州,拥有西江千户苗寨、黎平肇兴侗寨等众多以非遗为主要吸引物的特色景区,随着"村BA""村超"爆火,2023年黔东南州共接待游客7879.45万人次,同比增长25.75%,实现旅游综合收入875.82亿元,同比增长37.01%。其中,非遗旅游占比50%以上。如在黔东南州丹寨县的万达小镇,小镇将丹寨县的30多个非遗项目引入小镇经营范围,非遗商户的占比超过70%,加上中国丹寨非遗周、中国非遗文创节等节事活动的落户，其文化业态得以更加丰富，成为近年来贵州文化旅游的网红小镇。

## （二）以非遗重塑线路吸引力

非遗具有丰富的表现力和很强的体验感，由此，我们发现，不仅可以通过打造非遗主题旅游线路助力旅游发展，而且可以通过"非遗+研学"的各种创新，形成"体验非遗"的核心吸引力，不断创造文化旅游的新活力。

贵州省推出了"苗疆非遗研学主题体验走廊"等系列非遗研学线路，成为传播中华文化、讲述贵州故事的亮丽名片。在此过程中，"非遗+研学"融通了周边沿线的文化廊道，不断丰富了沿线旅游供给的文化特色和文化品位，有力促进了当地旅游产业高质量发展。

"跟着非遗去旅行，非遗研学到贵州"在国内外声名渐显。如推出了以肇兴侗寨为轴心的侗乡传统村落精品旅游环线和以苗寨为核心的苗岭传统村落精品旅游射线等一批具有鲜明非遗特色的主题旅游线路。在铜仁市江口云舍村（AAAA级景区）建成了集观赏、游玩、体验于一身的皮纸制作技艺生产性保护基地，造纸作坊的操作间为市民和游客提供参与平台，市民和游客在感受传统文化的同时可体验千年古法造纸术的独特魅力。有着"侗歌窝"之称的从江县小黄村，有各种年龄段的侗歌队27支，"听天籁之音侗族大歌，品侗家特色美食"已经成为游客到小黄村旅游必不可少的环节。

## （三）以非遗焕新文创生命力

引导非遗当代实践与现代生活相融相通，可以实现传统与现代的共融，既可以拓展非遗传承与发展的方式与路径，也可为文创产业提供更多文化素材与创作灵感，有效焕新文创生命力。在此过程中，借助文化创意、现代设计、文化科技等新生力量，通过非遗类IP、文化创意符号、知识产权等对非遗的文化生态、产业形态和发展环境进行创新，在更多层面、更广领域、更大舞台宣传、展示、传播"多彩贵州"的特色魅力，以此不断转化新范式、创造新时尚、引领新消费，推动中华优秀传统文化创造性转化、创新性发展。

贵州以传统工艺振兴为抓手，通过支持和鼓励非遗工坊、企业依托刺绣、银饰、蜡染、竹编等非遗项目，结合当下热点，开发非遗文创产品，并在旅游景区、旅游村寨及线上平台等进行展示展销，助力旅游消费提档升级，塑造了一批文化底蕴浓郁、体验性强、特色鲜明的非遗文创

## 特写

品牌。如黔东南州支持当地非遗企业围绕"村BA""村超"元素，积极开发了"村宝宝""66篮球服""村超牛"等银饰、刺绣、蜡染系列文创产品，持续丰富非遗文创产品供给。在线下设置"村BA"非遗特色产品销售、体验区，将非遗文创产品与当地农特产品一起进行展示展销。在线上，开设系列公益直播，让各路网红直播带货，让广大网民边观赛边购物。仅台江县、榕江县就带动50余家非遗企业、工坊、合作社共计销售系列非遗文创产品超过2000万元。同时，推动"非遗+电商"销售模式，拉近了非遗产品与消费者之间的距离，拓展了非遗系列产品销售渠道，带来了更大的经济价值空间，进一步激发了非遗的时代活力。如2022—2023年非遗购物节期间贵州非遗产品的线上销售额3000余万元。"村BA""村超"期间，台江、榕江非遗美食、各类非遗文创产品的线上销售额8600余万元。

### （四）以非遗提升品牌形象力

非遗具有跨文化的传播力，从而能够产生极大的文化影响力。它不仅对宣传一个地方的旅游业具有品牌性作用，而且是面向世界讲好中国故事的好途径。

贵州省通过利用非遗创新品牌推介的方式方法，丰富品牌传播的途径手段，完善一体联动的协作机制，着力提高贵州文旅品牌的知名度、影响度、普及度。安排专项资金支持各地利用各种民俗活动、传统节日举办节庆活动。2024年共补助非遗专项资金300余万元，支持举办苗族姊妹节、布依族"三月三"、四十八寨歌节、德江炸龙习俗、赛龙舟等活动，丰富当地群众文化生活，增强民族凝聚力，推动民俗节庆活动成为旅游新密码，展现传统文化新魅力。

贵州省充分运用非遗资源，讲好贵州故事，传播贵州声音。如贵州省电视台制作"叙·非遗"系列节目，2022年围绕"苗绣"主题，推送视频和新闻53条，点击热度达1635.2万+。2023年以《叙非遗·寻找记忆》为主题，重点围绕传统工艺类项目录制12集微纪录片，分别在国内动静、抖音、国外facebook（脸书）等平台投放，截至2023年12月27日，该节目国内传播量突破1.3亿次。2023年在春夏米兰时装周举办贵州苗绣精品展，据统计，全网共刊发相关信息9993条，微博相关话题阅读量超1.4亿次，安莎社、法新社等400余家海外媒体发布信息800余条/次，覆盖海外受众2.4亿。2024年3月联合央视拍摄《非遗里的中国（贵州篇）》，涉及全省匹级名录项目40余项，参演传承人、群众演员1000余人，2024年8月中旬在CCTV1频道播出，全网曝光人次5.74亿，登上微博核心热榜6次，话题阅读增量2.29亿。

### 三、结语：文旅新质生产力赋能，裂变更多"非遗+旅游"新质态、新类型、新表达

拥有绚丽多彩民族文化的贵州是非遗资源赋存极其丰富的宝藏之地，对非遗的开发利用才刚刚开始探索之路。2022年公布的全国非遗与旅游融合发展优选项目，贵州就有14个项目入选，其中荔波县瑶山古寨等3个景区入选非遗旅游景区，黎平县肇兴镇等4个小镇入选非遗旅游小镇，雷山县麻料村等7个村入选非遗旅游村寨。随着文化旅游产业的持续发展，借助文旅新质生产力的加持，取之不尽、用之不竭的非遗资源会逐步成为区域文化旅游品牌的重要资源，成为区域文化旅游产业的基础富矿，成为区域经济结构升级及发展方式转型的核心竞争力。

遵照习近平总书记对非遗工作的重要指示，不断推动非遗与旅游宽领域、深层次、高质量融合发展，创新消费场景、激发消费活力、丰富体验空间、延展时代表达。非遗和旅游双向赋能，相互促进、相辅相成、相得益彰，使得综合业态越来越丰富，融合程度越来越密切，可以更好推动旅游经济螺旋式上升发展，更好助力铸牢中华民族共同体意识建设，更好传承与发展中华优秀传统文化的凝聚力、竞争力和创新力。

本文系国家社科基金艺术学项目《乡村振兴视域下非遗工坊的创造性转化和创新性发展研究》（项目批准号：22EH216）阶段性成果。

**作者简介：**
**王明**，贵州师范学院非遗研究中心教授。
**刘孝蓉**，文化和旅游部旅游质量监督管理所副教授。

# 艺术与旅游融合发展的时代观察

宋子千　崔昕

习近平总书记指出，满足人民过上美好生活的新期待，必须提供丰富的精神食粮。这个精神食粮既包括艺术，也包括旅游。从一定意义上说，艺术和旅游都是高品质生活的产物。正是人民对美好生活的期盼，让艺术和旅游走到了一起，发展成为近年来文旅融合发展的一个重要领域。

## 一、人民对美好生活的期盼让艺术和旅游走到了一起

（一）艺术成为重要的旅游体验内容乃至旅游吸引物

艺术欣赏和艺术体验活动已成为众多游客在目的地的重要体验内容。当前，越来越多的游客不再局限于传统的观光游览，而是倾向于在旅途中深入体验独特的文化魅力与艺术韵味，不仅包括在景区内欣赏歌舞演艺，也包括在街头巷尾品味历史建筑、地方戏曲、传统音乐，以及到专门的场馆看一场演出、听一场演唱会、参观一场美展等。

据同程旅行与中国演出行业协会联合发布的《2023中国"演出+旅游"消费趋势报告》，2023年前三季度累计观演人次高达1.11亿，超越2019年全年水平，消费者因一场演出而前往特定城市的现象越发普遍。在大型演出期间，热门城市核心地段的酒店价格溢价率最高可达40%以上（赵姗，2023）。《2024年上半年全国演出市场发展简报》显示，2024年上半年，全国营业性演出（不含娱乐场所演出）超过25万场，继续对旅游消费发挥着重要带动作用。据测算，周杰伦长沙演唱会四天共吸引了近14.9万观众入场，跨城观演比例达92%，跨省观演比例达68%；除场内观众外，还有数万场外人次（中国演出行业协会，2024）。

全国美术展览和参观人次也屡创新高，据《2023年文化和旅游发展统计公报》，2023年全国公共美术馆共举办展览9813场，同比增长36.5%，参观人次6217.9万，同比增长86.4%。不仅中国美术馆等国家级的美术馆吸引大量外地游客参观，红砖美术馆、木木美术馆等民营美术馆也以其自身特色成为网红打卡地。

正如中国旅游研究院院长戴斌指出的，决定游客出行目的地的不仅有传统的自然资源和历史文化资源，还有彰显个性化和新鲜度的文化艺术资源。当越来越多的旅游者因一部戏、一场演出、一个展览而奔赴一座城市时，艺术就不仅是重要的旅游体验内容，而且成了真正的旅游吸引物。

（二）艺术全方位提升旅游体验的品位

艺术不仅独立构成旅游体验内容，而且通过广泛渗透到旅游场景当中，全方位提升了旅游体验的品位。旅游既包括物质消费，也包括精神消

## 观察

费。一般认为，游娱主要是精神消费，而吃住行购主要是物质消费。但即使是吃住行购，在和艺术结合之后，也可以提供给人们更多的精神享受。

住宿方面，比如近年来特色民宿发展较快，有些特色民宿的价格甚至超过当地的高星级饭店，究其原因，往往并不是这些民宿设施设备更好，而是能够提供更加独特的审美情趣。餐饮方面，除了菜品摆盘等餐饮本身的艺术之外，近年来又有很多现场制作表演或"歌舞+餐饮"类产品，还有一些餐馆设计富有创意或者开设在历史建筑当中，将就餐环境的艺术感拉满。交通方面，除了对交通工具进行涂装外，也包括将交通空间作为艺术表演的载体。如《知音号》作为长江流域首部漂移式多维体验剧目，以知音文化为核心，以大汉口长江文化为背景，运用倒叙、插叙及人景互动等电影叙事技巧，生动地呈现了昔日大武汉的文化风貌。购物方面，除了购物场所经常用表演和装饰来聚集人气之外，更加值得关注的是艺术对旅游商品的提升。典型的例子是故宫的文创，一卷胶纸、一个笔记本、一支口红等附加上故宫名画图案后，价格翻了好几倍。

### （三）以旅游演艺为代表的艺旅融合新产品新业态不断涌现

旅游演艺是艺术和旅游融合发展的一个典型领域，可以追溯至早期在景区内的一些表演。20世纪八九十年代，我国现代旅游业刚刚起步，在景区内推出一些歌舞表演就是景区发展的常见做法，特别是在一些以人造景观为主的主题公园里，文娱表演是其突破静态局限、走向动静结合的主要方式（李幼常，2007）。除了小型表演外，也产生了一些比较大型的作品，如1982年陕西省歌舞剧院推出的《仿唐乐舞》、1995年深圳华侨城旗下中国民俗文化村制作并演出的《中国百艺晚会》、1997年杭州宋城景区推出的《宋城千古情》等（杨卫武、徐薛艳、刘嫄，2013；邓鹏飞，2022），这些艺术作品对于丰富游客体验、提升旅游品质起到了重要的促进作用。21世纪以来，旅游演艺又得到了新的发展，出现了实景演出、行进式演出、沉浸式演出及集群式戏剧空间等不同演艺形态，形成了"印象""又见""只有""千古情""梦回""最忆""归来"等多个具有影响力的旅游演艺品牌和宋城演艺等骨干企业。很多旅游演艺项目规模宏大、场景新颖、表演独到，已经成为游客到目的地必须体验的内容，甚至成为游客前往该目的地的目的。

借助于科技，旅游演艺的形式不断创新，边界不断扩张。从早些年就流行的音乐喷泉、焰火晚会，到近些年比较普遍的光影秀、无人机表演等，实际上人已经不是表演的主体。大连博涛推出的巨型仿生机械艺术装置，本质上是动力机械和表演艺术的结合体。无锡拈花湾的《拈花一笑》，虽然有演员参与，但真正的表演主体也是一组大型不锈钢雕塑和300架无人机。还有一些艺旅融合项目并不局限于旅游演艺，而是在更大范围将艺术和旅游相结合，以使游客获得更加全面的艺术体验。如秦皇岛阿那亚秉承"人生可以更美"的理念，运营包括孤独图书馆、艺术中心、沙丘美术馆、阿那亚剧场群落在内的重要功能空间，旨在打造一个响应人们美好生活需要的艺术社区。

（四）公共艺术的主客共享

除了主要针对旅游市场的旅游演艺等行业蓬勃发展以外，公共艺术的主客共享是艺术和旅游融合的另一个重要趋势。随着人民生活水平的提高，

近年来艺术市场迎来了快速发展期。不仅原来的国有院团、剧场、美术馆等重新活跃起来，而且大量民营团体、场馆如雨后春笋般冒了出来。它们一开始主要立足本地市场，致力于丰富市民文化生活，但近年来也开始重视旅游市场的开拓。如泉州木偶剧院过去十天半个月才有一场演出，现在则一天演出4场，场场爆满，不提前预订根本买不到票；上海彩虹合唱团不仅在上海本地演出，还在全国多地开展巡演。艺术元素不再局限于景区内部，而是延伸至度假区、街区和商圈，形成了"三区一圈"的全方位覆盖。剧场、美术馆、文化馆、新兴的"livehouse"演出场所、现代商业空间和历史建筑、街头雕塑、涂鸦等，共同展现了一个旅游目的地的艺术气质，并为市民生活和旅游消费注入艺术体验。

## 二、艺术和旅游融合发展：前所未有的机遇和深层次的内在冲突

**（一）政策环境、市场基础和科技动能为艺旅深度融合发展提供了强有力的支撑**

当前艺术和旅游融合发展正在迎来最好的时代。**首先是中国式现代化框架下的政策机遇**。党的二十大提出了以中国式现代化全面推进中华民族伟大复兴的使命任务。中国式现代化具有丰富的内涵，物质文明和精神文明相协调是其中应有之义。党的二十大报告强调，物质贫困不是社会主义，精神贫乏也不是社会主义。要不断厚植现代化的物质基础，不断夯实人民幸福生活的物质条件，同时大力发展社会主义先进文化，加强理想信念教育，传承中华文明，促进物的全面丰富和人的全面发展。艺术和旅游都是丰富人民精神生活、促进人的全面发展的重要途径，艺术和旅游融合发展是文化和旅游融合发展的典型领域，是"以文塑旅、以旅彰文"的具体实现，面临着前所未有的政策机遇。

**其次是旅游需求品质化带来的市场支撑**。旅游需求品质化的一个重要表现就是越来越多的游客开始追求深层次的文化体验。他们不仅要看山看水，也要去欣赏戏剧、聆听音乐、参观画展，很多剧场、画廊、艺术馆和博物馆都转变为旅游胜地，吸引了众多游客前往，旅游市场和艺术市场在加速交叉、重叠。

**最后是科技创新形成的全新动能**。科技的迅猛发展深刻地改变了人们的生活方式，并对艺术的表达形式、承载媒介及旅游体验的内涵和形式产生了深远的影响。借助科技的力量，艺术与旅游正在加速融合，拓展了彼此的深度与广度。许多剧场在舞台机械、照明设备乃至建筑结构上均进行了大胆的创新尝

试，旨在为观众提供一场精彩纷呈、激动人心且充满沉浸感的现场体验（龚奎成、郑辉，2019）。对于众多旅游演艺项目而言，基于科技的创新表演形式与震撼场景效果是其核心吸引力。

（二）艺旅深度融合发展在价值理念、体制机制和利益分配上的深层次冲突

随着艺术和旅游融合的推进，一些深层次的冲突也逐渐显现出来。**首先是价值理念上的冲突**。艺术工作者往往追求艺术的纯粹性，注重艺术作品本身的技巧和思想性，而游客对艺术作品的欣赏受限于个人兴趣与理解能力，可能会停留在表面、肤浅的层次，可能会简单地以好看不好看对艺术作品进行评价，这是很多艺术工作者难以接受的。虽然大多数艺术工作者及艺术院团并不排斥市场化，但是他们更愿意接受的是有一定欣赏水准和购买能力的观众。有的艺术院团毫不讳言他们不愿意为了迎合游客对表演进行改变，一些美术馆甚至不愿意对游客进行开放。

**其次是体制机制上的冲突**。虽然有些艺术院

团、场馆已经进行了转企或者正在考虑转企，但是长期的事业单位体制导致部分人员的思维方式没有转变过来，等靠要、图安稳的思想普遍存在，市场开拓意识和运营理念十分缺乏。一些单位的内部机制也并不鼓励单位人员进行市场创收，甚至设有诸多限制。

**最后是利益分配上的冲突**。艺术院团／场馆和个人、艺术院团／场馆和旅行商等存在利益分配上的冲突。通常旅行商倾向于低价吸引游客，索要高的票价折扣。在这种情况下，艺术院团／场馆只能通过增加演出场次来弥补收入损失，从而可能影响演出质量、加重演员工作负担，在旅游旺季、跨地域演出中矛盾尤为突出。

## 三、在艺术和旅游共同繁荣发展中推进艺术和旅游深度融合

### （一）以艺术的繁荣发展满足多样化、个性化和品质化的旅游需求

虽然艺术发展和旅游发展之间存在一些深层次的冲突，但这种冲突本质上是发展中存在的问题，可以在艺术和旅游的充分发展中逐步得以解决。艺术有雅俗之分，旅游也有分层分众的市场。无论是阳春白雪的艺术，还是下里巴人的艺术，都能找到和多样化、个性化、品质化旅游需求的契合点。艺术创作的整齐划一，不仅是很难做到的，而且也是不必要的，百花齐放最有利于艺术和旅游的深度融合。虽然追求高雅艺术结果可能是曲高和寡，但是也不能因此就一味媚俗。旅游演艺等艺旅融合新业态蓬勃发展在一定程度上能够对传统艺术发展以启发，但是从根本上说这些业态的发展离不开艺术本身的发展。

### （二）以艺术的普及夯实艺旅融合的市场基础

艺术欣赏是一种能力，它需要天赋，更需要培养。如果艺术能够全面融入人们日常生活当中，自然也就能够更好地融入旅游发展当中。要进一步加强艺术普及教育，提升国民艺术素养。艺术普及不仅是教育体系中不可或缺的重要组成部分，更是培养和提升社会大众审美情趣、增强民族文化自信的关键途径。要进一步加大投入力度，积极构建多层次、

覆盖广泛的艺术教育体系，普及艺术知识，推广艺术体验，使更多的人能够接触并欣赏艺术。鼓励和支持艺术家、文艺工作者深入基层，走进社区和乡村，开展形式多样的艺术讲座、培训、工作坊等活动，与广大民众进行互动交流，激发公众对艺术的兴趣和热爱，提升他们的艺术鉴赏能力。

### （三）以深化改革激发艺旅融合的内生动力

党的二十届三中全会提出，面对纷繁复杂的国际国内形势，面对新一轮科技革命和产业变革，面对人民群众新期待，必须自觉把改革摆在更加突出位置，紧紧围绕推进中国式现代化进一步全面深化改革。推进艺术和旅游深度融合发展，也必须把改革摆在更加突出的位置。要系统梳理融合进程中的痛点、堵点，特别是要直面文化事业单位转企改制、一类事业单位市场化经营等现实问题，加强顶层设计、总体谋划，坚持破立并举、先立后破，推进文化体制改革，提高艺术资源配置效率。深化"放管服"改革，简化审批流程，鼓励社会资本投入，激发市场主体活力，建立健全激励机制，引导企业积极投身艺旅融合创新。坚守意识形态红线和国家安全红线，坚持守正创新，大力弘扬中华优秀传统文化、革命文化和社会主义先进文化，自觉抵制封建迷信和资产阶级腐朽文化。创新对外交流机制，将中华艺术有效融入入境旅游和国际旅游合作当中，推动中华艺术走向世界，用艺术的力量讲好中国故事。

### （四）以人民美好生活需要为导向实现艺术和旅游的双向奔赴

人民的美好生活需要是艺旅融合的基石。要坚持以人民为中心的艺术创作导向，着力提升旅游发展品位，在满足人民对美好生活的新期待进程中将艺旅融合不断推上更广范围、更深层次、更高水平。倡导艺术工作者深入生活、扎根人民，从社会实践中获取灵感，创作反映时代精神和人民生活的作品。通过创新的形式与手段，让艺术作品走出剧院、走出展馆，走进风景名胜区、旅游度假区，走向休闲街区、市民社区乃至田间陌头，让游客在行走间就能感受到艺术的魅力，感悟文化之美，陶冶心灵之美。推动旅游发展观念变革，

## 观察

告别唯 GDP 论,更加关注旅游发展的社会文化效益。目的地不能一味想着挣快钱,更不能尝试赚赃钱,而要精耕细作,静水流深,深挖在地文化,凸显地方特色,提高目的地的艺术品位,提供给游客高品质的美好生活。

本文为国家社科基金艺术学项目《文化和旅游融合发展的典型模式和主导机制研究》、文化和旅游宏观决策课题《专业文艺院团与旅游行业深度合作研究》阶段性成果。

**作者简介:**

**宋子千**,博士,中国旅游研究院(文化和旅游部数据中心)政策与科教研究所所长。

**崔昕**(通讯作者),博士,中国旅游研究院(文化和旅游部数据中心)政策与科教研究所博士后。

# 创造者与前行者（2024 第三辑）

你们在创造中前行，
在前行中创造。
你们在泥泞中挣扎，
不断失败，
你们在阳光下流泪，
在星空下再出发。
你们走到了无人的领地，
你们看见了无人见过的花。
你们在荒野
写下了新的文字，
你们说：
这是中国新的一天。

——致敬中国旅游业的创造者与前行者

# 景德镇陶溪川

## 为生活造

丽江"荒野之国"
中国童话梦

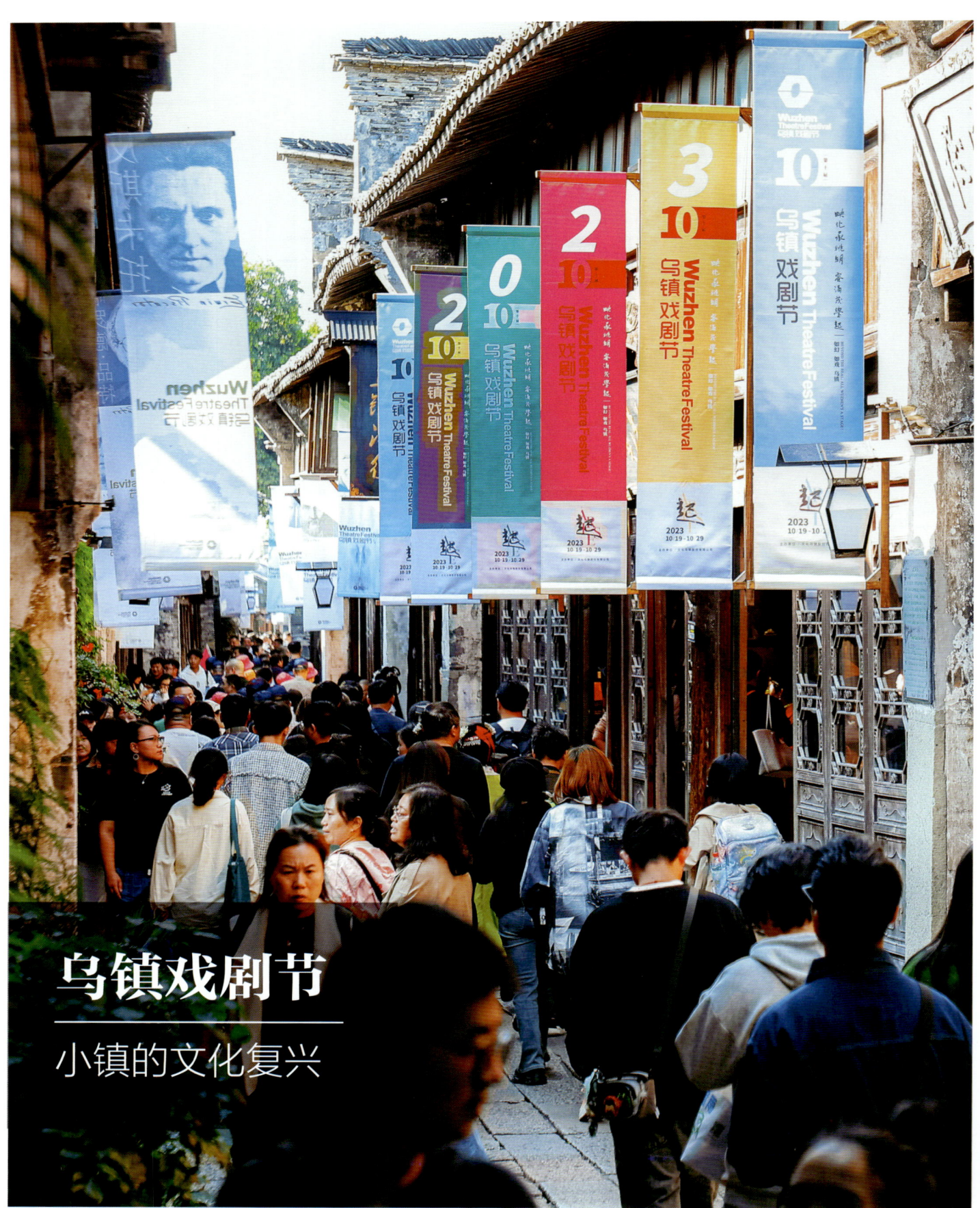

# 乌镇戏剧节

小镇的文化复兴

# 广州《船说珠江》

## 水上的移动剧场

# 海口·海边的驿站

艺术的新风

# 安阳甲骨文操

## 文体旅融合新模样

# 天津五大道海棠花节

让老建筑变时尚

# 贵州非遗旅游

## 民族文化的时代气息

# 《中国旅游评论》向中国旅游界创新者邀约

《中国旅游评论》是中国旅游研究院主办的季度连续出版物，面向旅游企业经营者、旅游行业管理者，出版宗旨为"以面向实践的思想推动中国旅游实践"。我们向中国旅游全行业的创新者发出邀约，希望听见你们的声音。

当今已经不是资源依赖的时代，创新是新时代的主题。中国旅游业今天的成就，很大程度上是各个领域那些勉力前行者不断创造而结出的果实。

我们十分理解所有创新、创造的艰辛，更懂得创新、创造来自超越时代的思想，来自创造者独具的人格，来自交流，来自实践而不是空谈。

我们希望借由《中国旅游评论》这个平台，让激动你们的那些思想能够发出声音，为全中国听见；让你们的洞察、创举激励、启发更多的人；让创造者彼此遇见彼此对话，解开困惑。

我们相信这样的行业，是永远生机勃勃的。

请将你们的思想、实践、思考总结成文，并联系我们。无论是产业发展思考还是地方行业实践，无论是产品创新还是未来洞察，我们接受所有言之有物的真知灼见。

**联系方式**

电子邮箱：zglypl@126.com

联系电话：010-85166028　010-85166019

传　　真：010-85166055

---

\* 著作权授权声明

凡经《中国旅游评论》刊录的论文，其专有出版权、汇编权、改编权、广播权、翻译权、印刷权和电子版的复制权、信息网络传播权、表演权、数字版式设计权和发行权将转让予《中国旅游评论》编辑部。

\* 本出版物不收取版面费，也不向作者发放稿费。